AI와 민주주의

AI문고

인공지능 시대입니다. 기계가 인간의 인지를 대신하고, 사물이 인간을 통하지 않고 다른 사물과 직접 커뮤니케이션합니다. 이에 따른 인간 삶과 문명 변화를 정확히 이해·예측·대응하는 것은 이 시대 우리 모두의 과제입니다. AI문고는 인공지능 기술과 환경의 여러 주제를 10가지 키워드로 정리합니다. 관련 개념과 이론, 학계와 산업계의 쟁점, 우리 일상의 변화를 다룹니다. 인간과 기술의 현재, 미래를 세심히 분석합니다.

일러두기

- 인명, 작품명, 저서명, 개념어 등은 한글과 함께 괄호 안에 해당 국가의 원어를 병기했습니다.
- 외래어 표기는 현행 어문규정의 외래어표기법을 따랐습니다.

처음이세요?

전문가세요?

AI와 민주주의

김유향 · 김보라미

대한민국, 서울, 커뮤니케이션북스, 2025

AI와 민주주의

지은이 김유향 · 김보라미
펴낸이 박영률

초판 1쇄 펴낸날 2025년 5월 25일

커뮤니케이션북스(주)
출판 등록 2007년 8월 17일 제313-2007-000166호
02880 서울시 성북구 성북로 5-11
전화(02) 7474 001, 팩스(02) 736 5047
commbooks@commbooks.com
www.commbooks.com

ISBN 979-11-430-0188-7 03500

책값은 뒤표지에 표시되어 있습니다.

차례

인공지능 시대, 기로에 선 민주주의

인공지능의 급격한 발전과 광범위한 보급으로 그 정치적, 경제적, 사회적 영향에 대한 논의가 확대되고 있다. 챗지피티(ChatGPT) 이후로 다양한 대규모 언어 모델(LLM) 서비스들이 연이어 등장하면서 민주주의가 정치에 미치는 영향력에 대한 우려가 크다. 챗지피티 출시 한 달 뒤인 2023년 1월 사용자 수가 1억 명을 돌파했을 때, ≪뉴욕타임스≫는 인공지능이 투표를 통해서가 아니라 인공지능을 활용한 로비를 통해서 민주적 절차에서 인간을 대체할 것이라는 내용의 글을 기고했다(Nathan E. Sanders & Bruce Schneier, 2023.1.15). 생성형 인공지능 기술이 민주주의에 미칠 영향에 대한 경고였다.

인공지능 챗봇과 예측 분석, 생성형 언어 모델(Generative Language Model)의 출현은 현대 민주주의에 새로운 행위자가 등장했음을 의미한다. 현대 민주주의 정치 체제를 뒷받침하는 보통·자유선거는 시민들이 독립적으로 정치적 의견을 형성하고, 정부의 정책 및 뉴스와 정보에 대해 사실에 근거한 판단을 내릴 수 있어야 한다. 이제 전통적 미디어가 매개하던 민주적 의사 형성은 인공지능이 선별·정리·제공(Curation)하는 정보 생태계 내에서 이뤄지고 있다.

최근 급격하게 이용이 확대되고 있는 생성형 인공지능의 민주주의와 관련해 우려되는 가장 큰 문제점은 우리가 이해하기 어려운 알고리즘을 거쳐 엄청난 양의 정보를 생산하고, 공론장을 쓸모없거나 허위의 정보로 가득 채운다는 것이다. 사람들은 인공지능이 생성한 조작된 콘텐츠와 진짜를 구별하기가 점점 더 어려워진다. 대의제 민주주의의 핵심인 선거에 딥페이크(Deep Fake)가 활용되고, 자동화된 허위 정보(Disinformation) 캠페인이 반복적으로 생성·재생되면서 정치적 공론장이 왜곡되고, 균형 잡힌 정보 획득이 어려워진다. 감정적으로 맞춤화된 콘텐츠를 통해 유권자의 감정을 조작하며, 선거 과정을 왜곡시킨다.

인공지능은 인간 사회의 소통, 의사 결정, 그리고 권력관계에 심대한 영향을 미치는 한편, 궁극적으로 민주주의 정치 체제에서 가장 중요한 요소인 민주주의적 제도에 대한 신뢰를 약화시키고 있다. 유권자들은 정치적 견해의 형성에서 객관적 현실과 사회적 담론이 유리되면서 사실보다 당파성에 더욱 의존할 가능성이 높다. 민주주의 제도에 대한 신뢰 하락은 민주주의를 정면으로 부정하는 극단주의적 정치인에게 새로운 정치적 공간과 기회를 제공하고 있다. 이는 최근 세계 각국에서 보이는 정치적 양극화를 더욱 악화시킬 수 있다.

인공지능의 산업적 · 경제적 효과나 일자리 대체의 영향에 대한 우려에서부터 인류가 경험하지 못한 불확실한 미래와 인간의 삶에 대한 실존적 위협에 이르기까지, 인공지능에 대한 막연한 두려움이 넘치고 있다. 인공지능의 민주주의 제도에 대한 영향은 즉각적이고 구체적이며 더 심각하다.

민주주의는 국민(Demos)이 합리적 토론과 집단적 선택을 통해 통치(Cratos)하는 제도를 의미한다. 민주주의는 아테네와 로마 공화정, 그리고 영국의 권리 장전과 미국의 독립 선언, 프랑스 혁명 등을 거치며 국민 주권과 보통선거권, 법치주의에 기반한 대의제 민주주의로 발전해 왔다. 고대 아테네의 아고라에서 시작된 이래 현대에 이르러 대의제로 제도화된 민주주의 정치 체제는 인공지능의 본격적 등장 이전에 이미 심각한 내재적, 외생적 문제를 노정해 왔다.

21세기 민주주의의 성과는 선진 민주주의 국가에서조차 실망스러운 상태이다. 민주주의가 공고화되면 더 이상 후퇴하지 않는다는 민주주의 연구자들의 오랜 신념은 현대 민주주의를 대표하던 미국에서 트럼프가 등장하고, 유럽 선진 민주주의 국가들에서 극우 정치인이 부상하면서 무너졌다. 정치의 양극화가 심화하는 가운데 정부는 문제 해결 능력을 상실했고, 선출된 정치인과 시민의 거리는 더욱더 멀어지고 있으며, 대의제 민주주의 정치 제도는 제대로 작동하지 못하고 있다.

인공지능은 인간의 실존적 삶과 인간이 오랜 기간 이루어 온 사회에 위협이 될 수 있다. 현재 이뤄지는 논의의 대부분은 인간 또는 초인적인 능력으로 다양한 상황에서 자율적으로 인지, 추론, 판단, 행동할 수 있는 가상의 인공 일반 지능(AGI, Artificial General Intelligence)을 전제로 한다. 인공지능에 대한 대중의 우려는 불확실한 과도한 두려움이나 괴담 수준의 공포지만, 이는 현재 일상에서 활용되고, 연구되고 있는 인공지능과는 다르다. 또한 미래에 등장할 인공지능의 영향을 우리는 가늠할 수 없다. 이러한 경향은 인공지능이 민주주의에 미치는 영향에 대한 연구와 논의에서도 고스란히 드러난다.

이 책에서는 이미 그 한계를 노정하고 있던 현대 대의제 민주주의에 인공지능은 어떤 영향을 미칠 것인가를 엄밀한 학문적 논의와 최신의 다양한 조사와 사례들에 기반해 검토한다. 인공지능의 급격한 발전이 현대 민주주의에 미칠 영향에 대한 막연하고 광범한 우려가 아니라, 실재적 영향을 분석하고 바람직한 기회를 찾아내려는 노력이 필요하다.

사회와 정치 분야에서 인공지능의 적용은 이제 시작 단계이다. 우리는 이미 인공지능이 민주주의에 미치는 영향을 보기 시작했다. 앞으로의 발전 방향을 명확히 알 수 없으므로 현재 배포되고 활용되고 있는 개별적 인공지능의 구체적인 사례, 특정 정치 영역에서의 활용과 영향에 초점을 맞춰야 한다. 그래야 민주주의 정치 체제가 경험한 위기와 앞으로 인공지능이 미칠 영향에 대해 명확히 구분해서 이해할 수 있다. 거기서부터 민주주의 위기 극복에 인공지능을 활용하는 방안에 대한 논의도 가능하다.

이 책은 다음과 같이 구성된다. 1장은 민주주의의가 발전해 온 과정과, 현대 대의 민주주의가 직면한 위기에서부터 시작한다. 2장에서는 인공지능의 등장이 현대 대의 민주주의에 어떤 새로운 도전을 야기하고 있는지를 인공지능과 민주주의 위기론을 중심으로 검토한다.

3장부터 6장까지는 인공지능이 현대 민주주의에 초래할 위기를 구체적으로 살펴본다. 3장은 인공지능이 민주주의 정치 체제의 근간인 정보 유통과 여론 형성에 미치는 영향을 검토한다. 4장에서는 알고리즘 편향성(Bias)이 인공지능을 통해 어떻게 증폭되어 정치적 양극화를 극적으로 확대하고 있는지를 다양한 사례들을 통해 논의한다. 5장에서는 인공지능 감시 사회가 어떻게 민주주의의 근간인 시민의 자유와 사생활 보호에 심각한 위협이 되고 있는지 논의한다.

6장에서는 인공지능 기술을 정부와 공공 영역에 활용하는 문제를 검토한다. 한국은 물론 전 세계적으로 정부와 공공 기관의 인공지능 기반 정책 결정이 확대되고 있다. 데이터 분석과 예측 모델을 통한 정책 결정은 효율성을 높일 수 있지만, 기계적 판단이 인간의 경험과 가치 판단을 배제할 위험이 있다. 7장에서는 인공지능 시대 민주적 정치 과정이 직면한 위기와 새로운 재편 가능성에 대해 검토한다. 인공지능 기술을 활용해 유권자와 점점 더 괴리되고 있는 정치 과정에 시민의 참여를 확대할 수 있는 새로운 형태의 시민 참여 플랫폼을 어떻게 구축하고 활용할 수 있는지를 논의한다.

8장과 9장, 그리고 10장에서는 인공지능을 어떻게 현대 민주주의와 공존하게 할 수 있을지를 검토한다. 8장에서는 다양한 사례 검토를 통해 인공지능 시대에 중요

해진 투명성을 강화하는 방법을 검토한다. 9장에서는 인공지능 책임성에 대해 논의한다. 인공지능 알고리즘의 개발과 운영 과정에서 공공성과 윤리성을 확보하고, 오류나 편향이 발생했을 때의 책임을 강화해야 하는 것은 민주주의를 실현하는 중요한 방법이기도 하다.

마지막으로 10장에서는 인공지능의 효용성과 민주주의의 가치를 조화시키기 위해 우리는 무엇을 해야 하는지를 살펴본다. 시민의 권리와 자유를 보장하면서도 인공지능 기술의 혜택을 누릴 수 있는 균형점을 찾아야 하며, 이를 위한 사회적 합의와 제도적 기반을 구축해야 한다. 민주주의 정치 체제의 근간을 이루는 건강한 미디어 공론장, 시민의 참여, 신뢰 사회 구축을 위한 논의를 검토할 것이다.

책은 공저자 2인이 기획하고 검토했고, 각 장은 나누어 작성했다. 민주주의 정치와 관련된 1장, 2장, 3장, 4장, 6장, 7장, 10장은 김유향이, 프라이버시와 법적 제도 개선과 관련된 5장, 8장, 9장은 김보라미가 집필했다.

이 책은 위기의 현대 민주주의에 등장한 '인공지능'의 의미와 인공지능 시대 '민주주의'는 어떻게 구성되어야 하는가에 대한 문제의식에서 출발했다. 이 책이 허위 정보로 넘쳐나는 공론장과 극단적 양극화, 그리고 민주주의적 가치와 제도에 대한 부정으로 인해 위기에 직면한 한국의 민주주의가 다시 일어나 나아갈 방향을 찾는 데 도움이 되기를 기대한다. 인공지능 시대 민주주의의 미래는 기술 그 자체가 아니라 우리의 선택에 달려 있다.

01
현대 민주주의의 이상과 현실

민주주의는 고대 아테네에서 시작해, 계몽주의 시대를 거쳐, 시민 주권에 기반한 대표성 · 평등 · 집단적 의사 결정에 기초한 대의제 민주주의로 발전해 왔다. 인류가 발견한 가장 이상적 정치 제도로 인식되었던 민주주의는 현대의 대의제 정치하에서 화석화됐다는 비판을 받고 있다. 대의제는 민주주의 정치 체제의 정점으로 여겨졌으나, 대표성과 제도적 정당성의 약화, 선거제의 한계와 포퓰리즘(Populism)의 부상, 세계화와 기술 변화 등 대의제의 근간을 흔드는 도전 앞에서 위기에 처해 있다.

AI와 1인 창업?

직접 민주주의에서 대의제 민주주의로

기원전 5세기 초에 확립된 아테네 민주주의의 핵심은 시민의 직접 참여에 의한 통치다. 아테네 민주주의의 주요 이념적 기둥들은 고대 민주주의의 이상적 원형을 잘 보여준다.

첫 번째 이념적 기둥은 동등한 정치적 참여(Isonomia)다. 모든 시민이 사회적 지위와 관계없이 누구나 동등한 정치적 · 법적 권리를 가진다는 개념으로, 중요한 문제를 결정하기 위해 소집된 시민들의 모임, 즉 민회(Ecclesia)에서 발언의 평등으로 구현된다. 두 번째는 직접 참여 제도다. 시민들이 법과 정책을 토론하고 투표하는 주요 의사 결정 기구인 민회, 추첨으로 선발되어 민회의 의제를 준비하고 법률을 검토하고 준비하는 역할을 하는 일종의 입법 기관인 불레(Boule, 500인 평의회), 시민들이 판사와 배심원을 겸하는 대규모 배심 법원인 '시민 법원(Dikasteria)' 등으로 구현된다. 이들은 아테네 민주주의의 핵심 원칙인 시민 참여와 공정성을 반영한다. 세 번째는 추첨제다. 아테네인은 추첨제가 '선거보다 더 민주적'이라는 믿음을 가졌고, 많은 공직이 선거가 아닌 무작위 선발을 통해 채워졌다. 네 번째는 권력 집중 방지책이다. 강력한 개인이 부상하는 것을 견제하는 '도편 추방제(Ostracism)', 직무 순환과 짧은 임기, 정기적 감사 등이 있다.

고대 도시국가인 아테네에서 시도되었던 직접 민주주의는 사회가 크게 확장하고 복잡해지면서 한계에 직면한다. 직접 민주주의가 가진 제약을 극복하고, 크고 복잡한 사회를 효율적으로 통치하기 위해 '일반 의지(volonté générale)'를 가진 주권자인 시민에 의해 선출된 대표에게 의사 결정을 위임하는 제도에 대한 논의가(장 자크 루소, 『사회 계약론』, 1762) 다양하게 이루어졌다. 이는 현대 국민국가(Nation State)의 지배적인 정치체제인 대의제 민주주의(Representative Democracy)로 발전했다.

20세기 민주주의는 로버트 달(Robert Dahl)의 다원주의론(Pluralism)을 통해 포괄적인 참여와 경쟁의 시스템으로 재정의되었다. 이후 조지프 슘페터(Joseph Schumpeter, 1942)는 민주주의를 엘리트들이 선거를 통해 대중의 인정을 받기 위해 경쟁하는 시스템, 즉 이상이 아닌 '방법'으로 재개념화하면서 실질적 민주주의보다 '절차적 민주주의(Procedural Democracy)'를 강조했다. 이러한 과정을 거치며 현대 민주주의 제도는 여러 정당의 제도화된 정치적 경쟁인 다당제와 경쟁 선거, 법치주의와 사법의 독립성, 분권형 정치 체제에 더해 제한된 참정권이 아닌 포용적 시민권, 복지국가와 경제 민주주의 등의 구조적 특징을 발전시켜 왔다.

대의제 민주주의의 이상과 현실

현대 국민국가의 지배적 정치 체제인 대의 민주주의는 선출된 대표자를 통해 구현되는 대중 주권의 기본 원칙에 기반을 두고 있다. 이 제도는 18세기 이래 대부분의 민주주의 국가에서 채택되었으나, 지금은 제도 고유의 문제와 기술 및 사회적 변화로 인한 구조적, 외생적 위기에 직면해 있다. 특히 이론적 효율성과 현실 사이의 괴리는 대의제가 가진 근본적 딜레마다(Rosanvallon, 2011).

대표성과 현실

대의제 민주주의는 계몽주의 시대에 형성된, 정치권력은 국민에게서 나온다는 '인민 주권(Popular Sovereignty)' 개념에 기반한다. 대의 민주주의의 핵심은 시민들이 주기적인 선거를 통해 최종적인 주권은 유지하면서 선출된 공직자에게 의사 결정 권한을 위임한다는 원칙에 있다. 대의제는 직접 통치를 단순히 실용적으로 대체하는 것이 아니다. 심의와 책임을 가능하게 하는 민주적 거버넌스의 고유한 방식으로 국민의 위임을 받아 선출된 대표자를 매개로 한 합리적 숙의를 지향한다. 대의제의 주요 원칙은 자유롭고 공정한 선거와 언론과 집회의 자유이며, 이는 제도적으로 권력 분립, 사법부의 독립, 다원주의적 경쟁에 의해 뒷받침된다.

대의제에서는 대표자의 자율성과 유권자의 선호에 대한 책임성 사이에 근본적인 긴장이 존재한다. 또한 대의제 하의 주기적 선거, 정치 엘리트의 형성과 독점은 정치과정을 시민의 일상적 요구와 분리한다. 대표자는 시민에 의해 선출되었음에도 불구하고 유권자보다 개인적 야망, 정당 충성도, 기부자의 이익을 우선시해 정책 소외를 초래할 수 있다. 이처럼 정치 엘리트와 시민 사이에 근본적인 괴리가 발생하면서 대표성의 결핍이 나타난다 (Mair, 2013).

유권자 무관심과 정당성 약화도 대의제가 지닌 구조적 취약성이다. 정당은 전통적인 사회적 기반으로부터 점점 멀어지면서, 대중 정당에서 전문적인 선거 기계로 변모했다. 민주주의 국가에서 투표율은 1960년대 이래 지속적으로 하락해 왔다. 유럽연합의 평균 의회 선거 투표율은 1979년 첫 직접선거의 61.99%에서 2024년 51%로 하락했다. 특히 주목할 것은 25세 미만 청년층 투표율은 더 크게 하락해 연령별 참여 격차가 두드러지고 있음을 보여 준다. 이는 기존 정당에 대한 환멸과 자신의 선택이 선거 결과에 미치는 영향력이 미미하다고 인식하는 데서 기인한다.

대표성 원칙의 약화는 정치적 · 경제적 엘리트들이 민주주의 제도를 불균형적으로 장악하기 때문이다(Mounk, 2018). 또한 시민은 선거를 통해 대표자에게 권력을 위임하고, 대표자는 시민에게 책임을 지는 대의제의 '위임-책임 메커니즘(Delegation and Accountability mechanism)'은 충분한 정보를 지닌 시민을 전제로 한다(Manin, 1997). 사회가 점점 더 복잡해지고 커짐에 따라, 시민 주권의 실현은 많은 한계에 직면하게 된다. 대의제 민주주의의 이점은 기능적인 제도와 참여도가 높은 시민사회를 전제로 하는데, 이러한 조건은 점점 더 어려워지고 있다.

보통선거와 절차적 민주주의의 역설

20세기 들어 민주주의 국가에서 보통선거제의 확대는 정치적 포용성을 증진했다. 보통선거는 재산, 신분, 성별, 교육 정도 등의 제한을 두지 않고 성인에게 선거권을 부여하는 제도로서, 이를 통해 다양한 계층과 집단이 정치에 참여할 수 있게 되었다. 20세기 초 여성 참정권이 확대되었고, 많은 국가에서 선거 연령 하향으로 더 많은 청년층이 선거권을 가지게 되었다. 그러나 정치적 포용성의 증진은 정치적 의사 결정의 질적 저하와 대중 동원 등의 새로운 취약성을 드러냈다. 보통선거의 확대는 정치적 경험과 문해력이 부족한 사람들이 대거 정치에 참여하게 해, 의사 결정 과정에서 비효율성과 오류를 초래할 수 있다.

슘페터(1942)는 '정치적 소비자'로서의 유권자가 선동적 리더십에 취약하다고 경고했다. 오늘날 세계 각국에서 포퓰리스트 지도자들의 등장과 이들에 의한 대중 동원은 이를 잘 보여준다. 포퓰리즘은 대중의 감정에 호소해 단기적인 인기를 얻으려는 경향이 있어 결국 장기적인 정책 결정의 질적 저하로 이어지는 모순도 드러낸다(Brennan, 2016).

또한 민주주의를 대표자를 뽑는 것으로 축소하고, 대의제 민주주의를 단순히 투표로 축소하면서, 현대에 들어 '선거'와 '민주주의'라는 단어는 동의어로 인식된다. 시민은 대표자를 뽑는 유일한 방법은 투표를 통해서라고 믿고, 선출된 정치가는 다음 선거에서 이기는 것이 지난 선거에서 한 약속을 이행하는 것보다 더 중요하다고 생각한다. 선거 메커니즘의 존재만으로는 진정한 민주적 대표성이나 의미 있는 정치적 변화를 보장할 수 없다. 즉 형식적 민주주의 절차와 실질적 민주주의 성과 사이에는 모순이 존재한다.

민주주의의 후퇴

민주주의는 여러 국가에서 후퇴하고 있는 것으로 관찰되고 있다. 제도적 신뢰의 하락, 권위주의 및 포퓰리스트 지도자의 등장, 언론 자유의 제한, 사법부의 독립성 약화, 시민의 정치적 무관심 등은 전 세계 민주주의 국가에 걸쳐 민주주의 후퇴를 보여 주고 있는 지표들이다.

제도적 신뢰의 하락

의회, 정부, 정당 등 민주적으로 선출된 기관에 대한 대중의 신뢰가 전 세계적으로 하락하고 있다(Valgarðsson et al., 2025). 민주주의 다양성 연구소(Varieties of Democracy Institute, V-Dem)가 수행하는 세계 각국의 민주주의에 대한 비교 연구에 의하면 민주주의 국가들에서 제도적 신뢰의 일관된 하락 추세가 나타난다.

정치적 로비의 영향력이 확대되어 입법과 정책 결정 과정이 특정 이익 집단에 편중되면서 의회에 대한 불신이 증가하고 있다. 2023년 OECD 보고서에 따르면, 회원

국 응답자의 39.4%만이 의회를 신뢰한다고 대답했다. 또한 사법부의 정치적 종속성은 법치의 약화를 초래한다. 민주주의를 지탱하는 제도에 대한 신뢰의 하락은 투표 참여율 감소, 민주주의에 대한 의구심 증가, 포퓰리즘 및 반(反)체제 정치 운동의 등장으로 나타난다.

양극화와 시민의 정치적 무관심

현대 민주주의가 직면하고 있는 정치적 양극화는 민주주의적 숙의를 방해하고, 정치적 담론을 협력적 문제 해결 과정에서 적대적 대립으로 변형시킨다. 이는 시민의 정치적 무관심과 참여 하락을 야기한다.

시민의 정치적 무관심은 시민의 정치적 피로감, 정치에 대한 불신, 정보 과부하, 사회적 양극화 등이 주요 요인이다. 끊임없는 정치적 논쟁과 갈등, 비효율적인 정부 운영 등이 시민들에게 정치에 대한 피로감을 주고, 이는 시민의 정치 무관심을 초래한다. 또한 정치인과 정부에 대한 불신은 시민이 참여에 대한 의미가 없다고 느끼게 한다. 더욱이 디지털 시대에 넘쳐 나는 정보로 인한 과부하는 시민이 중요하고 진짜인 정보를 선별하기 어렵게 한다. 이는 참여에 대한 의지를 약화할 수 있다. 심화하는 정치적, 사회적 양극화는 극단적인 의견만 남기고, 중도적이고 합의 지향적 의견을 가진 사람을 정치적 토론에서 배제할 수 있다.

미국, 유럽 그리고 한국의 최근 선거 결과는 정치적 분열과 불신으로 젊은 층의 정치적 참여율이 낮아지고 있음을 보여준다.

포퓰리즘의 부상

오늘날 우리는 포퓰리즘 정당과 미사여구가 공개 토론을 지배하는 '포퓰리즘 시대정신' 속에서 살고 있다 (Mudde, 2004). 포퓰리즘은 엘리트의 무책임이나 부패에 대한 대응으로 대의제 정치에서 반복적으로 등장한다. 특히 기존 정당에 대한 환멸은 포퓰리즘의 성장으로 이어졌다. 카스 무데(Cas Mudde)는 포퓰리즘을 사회가 '순수한 국민'과 '부패한 엘리트'라는 두 적대적인 진영으로 분리된다고 주장하는 '얇은 중심의 이데올로기(Thin-centered Ideology)'로 정의하며, 정치는 국민의 '일반 의지'의 표현이어야 한다고 주장한다.

포퓰리즘은 대중의 목소리를 반영하는 정치 운동처럼 보이고, 일시적으로 참여를 활성화할 수 있다. 그러나 사회를 양극화하고 제도적 견제를 약화해, 자유민주주의의 주요 제도와 가치, 특히 소수자 권리, 다원주의, 권력 분립 등 민주적 규범을 훼손한다.

2016년 이후 트럼프의 등장, 영국의 브렉시트(Brexit), 유럽의 극우 발흥은 이러한 대의제 민주주의의 제도적 취약성이 절정에 이르렀음을 보여준다. 2013년 창당한 독일의 극우 정당 '독일을 위한 대안(Alternative für Deutschland, AfD)'은 2021년 연방의회 선거에서 중도 정당에 대한 불만을 이용해 12.6%의 의석을 확보했으며, 2025년 선거에서는 단번에 제2당으로 부상했다. 이러한 현상들은 민주주의의 규범적 기반을 서서히 침식한다.

위기 증폭: 기술과 경제의 역설

인공지능 기술의 급격한 발전과 소셜 미디어의 확산은 허위 정보, 양극화, 혐오 발언 등 민주주의 제도에 대한 신뢰를 약화하는 요인을 증폭시킨다.

경제적 불평등의 심화도 대의 기관에 대한 대중의 신뢰를 약화하는 데 기여한다. 세계불평등연구소의 『세계불평등보고서 2024』에 따르면 미국의 가장 부유한 10%는 국민소득의 47%를 차지하는데, 이는 1980년 34%에 비해 많이 증가한 수치다. 유럽은 여전히 가장 불평등하지 않은 지역이지만, 지난 20년 유럽의 불평등은 증가했다. 경제적 불평등은 정치적 불신으로 전환된다. 프랑스에서는 정부의 유류세 인상 발표를 계기로 2018년 10월 '노란 조끼(Gilets Jaunes Movement)' 운동과 같은 반체제 시위가 발생했다. 노란 조끼 운동은 기존 정당을 거부하고, 직접 행동과 온라인 동원을 선택했다는 점에서 민주적 제도에 대한 불신을 드러낸 중요한 사건이다.

신자유주의 경제 정책은 국가 주권을 제한하며, 재분배 정책의 시행 능력을 저하한다. 국제통화기금(IMF)의 긴축 정책 요구와 다국적 기업의 조세 회피는 국가의 재분배 기능을 약화했다. 유권자들은 선출된 공직자가 이러한 세력에 무력하다고 인식함으로써 냉소주의와 반세계화 운동 지지가 촉진된다.

위기의 대의 민주주의

현대 민주주의의 구조적 한계는 시민과 국가 사이의 중재자였던 정당의 약화, 선거 시스템의 실패와 대표성 약화, 엘리트 포획과 부의 지배(Plutocracy) 등 구조적 결함에서 기인한다. 이러한 한계 위에 현대 민주주의는 다양한 도전에 직면하고 있다. 정치학자들은 이러한 위기가 일시적인 혼란을 반영하는지 아니면 대의 민주주의의 정당성이 근본적으로 쇠퇴하고 있는지를 두고 다양한 논의를 진행하고 있다.

오랜 대의제 민주주의에 대한 근본적인 변혁 없이는 민주주의 이상과 현실 사이의 간극은 계속 확대되어 형식적 민주주의는 유지되나 실질적 국민 영향력이 사라진 체제인 '포스트-민주주의(Post-democracy)'로의 퇴행이 가속화될 위험이 있다(Crouch, 2000).

참고문헌

Crouch, Colin(2000). *Coping with post-democracy*. Polity Press.

Mair, Peter(2013). *Ruling the void: The hollowing of western democracy*. New York and London. Verso Books.

Manin, Bernard(1997). *The principles of representative government*. Cambridge University Press.

Mounk, Yascha(2018). *The people vs. democracy: Why our freedom is in danger and how to save it*. Harvard University Press.

Reybrouck, David Van(2016). *Against elections: The case for democracy*. Random House UK.

Rosanvallon, Pierre(2013). *The society of equals*. Harvard University Press.

Schumpeter, J. A.(1942). *Capitalism, socialism, and democracy*. Harper & Brothers.

Valgarðsson, Viktor et al.(2025.2.19). A crisis of political trust? Global trends in institutional trust from 1958 to 2019. *British Journal of Political Science*.

Vosoughi, Soroush et al.(1983). The spread of true and false news online. *Science*, 359(6380), pp.1146-1151.

WID. World(2024.11.19). Inequality in 2024. World Inequality Database.

02
인공지능의 도전

인공지능의 등장은 위기의 현대 민주주의가 직면한 새로운 도전이다. 인공지능은 선거, 공론장, 제도적 의사 결정에 스며들어 민주주의에 위기와 기회를 동시에 제공한다. 인공지능은 대량의 콘텐츠를 생성 · 배포함으로써 정보 환경을 조작하고, 특정 신념 · 의견 · 정보만 반복적으로 제공받아 다른 시각이나 반대 의견을 접하기 어렵게 하며, 사회적 신뢰를 침식하는 등 현대 민주주의를 그 근간에서부터 흔들고 있다.

AI와 MBTI?

민주주의와 인공지능

최근 강력한 인공지능이 대중화되면서 인공지능이 민주주의를 불안정하게 만들 수 있다는 우려가 커지고 있다. 챗지피티 챗봇과 같은 대규모 언어 모델로 대표되는 생성형 인공지능 기술은 학습된 데이터를 기반으로 새로운 콘텐츠를 생성할 수 있다. 텍스트와 음악을 작성하고, 사실적인 이미지와 동영상을 제작하고, 합성 음성을 생성하고, 방대한 양의 정보를 조작할 수 있다.

이러한 인공지능은 혁신과 창의성을 위한 엄청난 잠재력을 가지고 있지만, 민주주의 사회에 위협이 될 수도 있다. 인공지능은 선거의 공정성에 도전하고, 나아가 민주적 담론에 영향을 미칠 수 있다.

인공지능의 등장

생성형 인공지능이 챗봇의 형태로 본격적으로 대중화되기 시작한 후 기업이나 비즈니스 차원이 아닌 개인들의 이용률도 급격히 증가하고 있다. 특히 다양한 서비스가 등장하고 있는 챗지피티와 같은 인공지능 챗봇의 도입률이 많이 증가하고 있다. 2024년 11월 현재 전 세계적으로 약 9억 8700만 명이 인공지능 챗봇을 사용하고 있는 것으로 추정된다(Cardillo, 2024).

직접 챗봇과 같은 인공지능 서비스를 사용하지 않고 있더라도 소셜 미디어 플랫폼이나 뉴스 플랫폼을 일상적으로 사용하고 있다면 이미 우리는 인공지능 알고리즘의 영향 내에 있다. 조사에 의하면 미국인들은 매일 2시간에서 8시간 동안 디지털 플랫폼에서 시간을 보내며, 18%는 소셜 미디어를 주요 정치 정보원으로 지적했다. 또한 50% 이상이 소셜 미디어나 디지털 플랫폼에서 뉴스를 수신하는 것으로 나타났다(Pew Research Center, 2024). 2023년 조사에 따르면, 한국은 응답자의 53%가 유튜브를 주요 뉴스 원으로 이용하는 것으로 나타났다(Reuters Institute, 2023). 이에 유튜브 추천 알고리즘의 편향성과 자극적 콘텐츠 추천이 문제가 되고 있다.

민주적 공론장의 변화

민주주의에서 공론장은 시민이 모여 토론하고 의견을 교환하는 장소로서 민주적 참여 정치의 기초이다. 시민은 공론장에서 소통하고, 정치적 견해를 형성하며, 나아가 정부 정책과 행정 과정을 감시하는데, 이는 제도의 투명성을 높이는 역할을 한다.

그러나 인공지능의 등장으로 소셜 미디어 플랫폼은 인공지능이 생성한 콘텐츠가 인간의 표현과 경쟁하는 혼돈의 각축장이 되었다. 인간이 만든 것과 유사한 글, 이미지, 동영상을 생성할 수 있는 인공지능의 능력은 민주주의에서의 정치적 대화에 새로운 도전이다. 인공지능은 민주주의 사회의 공론장과 정치적 소통을 근본적으로 변화시키고, 공적 담론을 양극화시키며, 알고리즘을 통한 차별을 지속 · 확대한다.

정교한 가짜 콘텐츠를 생성할 수 있는 인공지능의 능력은 시민들이 접하는 모든 정치적 정보의 진정성을 의심하게 만드는 신뢰의 침식을 초래한다. 인공지능 생성 콘텐츠는 현실을 흐리며 인식적 혼란을 부추긴다. 코로나19(COVID-19) 팬데믹 기간, 인공지능 봇(Bot)들이 건강 관련 허위 정보를 확산시켜 과학적 권위에 대한 신뢰를 훼손하고, 팬데믹 극복을 어렵게 만들었던 사례가 대표적이다(WHO, 2022).

전통적 저널리즘의 몰락은 이러한 위기를 더욱 악화시킨다. 소셜 미디어가 뉴스를 매개하는 주요 장소가 되면서 전통 미디어의 경제적, 기술적 위기는 더 심화하고 있다. 양질의 저널리즘이 약화하면 시민들은 신뢰할 만한 정보에 기반한 토론을 하기 어렵다.

공적 담론의 양극화

인공지능 기반 추천 시스템은 기존의 신념과 정치적 입장을 강화하는 경향이 있어, 사회적 양극화를 심화시키고 민주적 토론에 필요한 사실적 기반을 약화한다. 또한 극단주의 콘텐츠의 자동 생산을 통해 정보의 에코 챔버(Echo Chamber) 효과를 강화한다.

개인 차원에서 인공지능은 정보 생태계와 의사 결정의 자율성에 영향을 미침으로써 자기 통치(Self Rule)를 약화한다. 소셜 미디어와 뉴스 서비스 플랫폼이 배포한 생성형 인공지능 알고리즘은 사실의 정확성보다 참여를 우선시해 시민들이 소비하는 콘텐츠를 점점 더 좌우하게 된다. 이는 확증 편향을 증폭시키는 필터 버블(Filter Bubble)을 생성함으로써 다양한 관점과 의견을 차단하고, 이에 기반한 정치 담론을 주변화시킨다.

그 결과, 인공지능 알고리즘은 극단주의를 증폭시킨다. 2021년 미국의 국회 의사당 폭동 등이 대표적 사례다(Benkler, 2018). 독일 총선의 경우, 2021년에는 주로 수작업이나 단순 자동화 방식의 허위 정보가 많았으나, 2025년 선거에서는 딥페이크, 자동 콘텐츠 생성, 편향된 대규모 언어 모델 등 고도화된 인공지능 도구들이 정치적 담론 형성, 여론 조작, 외부 영향력 행사에 훨씬 더 널리 활용되었다는 평가다. 2024년 미국 선거에서 틱톡(TikTok)의 인공지능 큐레이션 피드는 극단적인 이념적 입장의 콘텐츠를 불균형적으로 노출해 후보자의 공약에 대한 유권자의 인식을 왜곡했다. 이른바 '알고리즘적 다원주의의 실패'로 불리는 이 현상은 인공지능이 민주적 담론 분열에 미치는 영향을 잘 보여준다(Succer, 2019).

구조적 불평등과 알고리즘적 차별

편향된 데이터로 학습된 인공지능은 사회적 편견을 지속시키고 증폭해 소외된 집단에 불균형적인 영향을 미친다. 미국의 예측 치안 알고리즘은 흑인과 라틴계 지역을 과도하게 표적으로 삼아 유권자의 권리 박탈에 기여한다는 연구도 있다(Richardson et al., 2019). 유럽에서는 얼굴 인식 기술을 사용하는 이민 심사 시스템이 비백인 신청자에 대해 34% 더 높은 오류율을 보여 망명 절차가 지연되고 정치 참여를 제한한다는 연구 결과도 있다(EPTA, 2024).

정부의 행정 서비스, 시민 참여 도구에 인공지능이 점점 더 많이 활용되면서 소외 집단에 대한 구조적 불평등이 초래된다. 그 결과 알고리즘의 차별이 정치적 소외를 고착하는 피드백 루프(Feedback loop)가 발생하고 강화될 우려가 있다. 또한 민주주의 정치 체제에서 권력은 선출된 대표자들로부터 인공지능과 소셜 미디어 플랫폼을 운영하고 관리하는 무책임한 기술 대기업으로 이전된다.

인공지능과 정치 과정

최근 미국과 유럽의 선거와 정치 과정에서 나타난 마이크로타기팅(Microtargeting), 허위 정보, 조작에 의한 선거 결과 왜곡은 민주주의 제도가 인공지능을 통한 조작에 얼마나 취약한지를 잘 보여 준다.

초개인화된 캠페인

인공지능을 활용하면 유권자 심리를 이용한 초개인화된 정치 캠페인이 가능하다(Howard & Woolley, 2020). 이는 유권자를 맞춤형·기만적 콘텐츠로 포획해 선거의 공정성을 훼손한다. 최근 선거에서는 특정 유권자 집단을 정밀하게 분석하고 맞춤형 정보를 전달하는 정교한 인공지능 기반 허위 정보 캠페인이 등장했다. 개인화된 콘텐츠로 유권자를 마이크로타기팅할 수 있는 인공지능은 민주적 선거의 공정성과 투명성에 대한 근본적인 의문을 제기한다.

허위 정보와 선거 캠페인

2016년 미국 대선을 기점으로 가짜 뉴스(Fake News)와 허위 정보는 각국의 선거와 정치에서 중요한 쟁점이 되었다. 이후 인공지능의 등장으로 2024년은 선거에서 디지털 허위 정보의 패러다임이 바뀐 시기이다. 즉 생성형 인공지능의 등장으로 대규모의 허위 정보 생성과 딥페이크 제작이 가능해졌다. 미국에서는 인공지능이 생성한 바이든 대통령의 딥페이크 음성이 민주당의 거점 지역에 허위 투표 지침을 유포해 중요한 경합 주 투표율을 억제했다는 분석도 있다.

유럽의회 선거 중 소셜 미디어에서는 극우 정책을 지지하는 선거 관련 게시물이 급증했다. 허위 선거 정보에 대한 플랫폼의 대응은 충분하지 못했다. 메타(Meta)는 유럽연합과 파트너십을 맺고 인공지능이 생성한 정치 광고에 라벨을 붙이는(labeling) 방식으로 대응했으나, 허위 정보의 확산을 막기는 어려웠다. 허위 정보와 딥페이크의 대량 생성과 유포는 인공지능 탐지 도구의 허점을 악용해 민주주의 선거에 필수적인 정보 무결성(Information Integrity), 즉 정보의 정확성, 완전성, 일관성 및 신뢰성을 훼손한다.

인공지능과 민주적 거버넌스

행정 및 정책 결정에서 인공지능의 활용은 민주적 거버넌스에 위협이 된다. 미국 정부효율부(DOGE)는 2026년까지 연방 규제 담당 직원의 30%를 인공지능으로 대체해 현재 시민의 의견 수렴이 필요한 규칙 제정 과정을 자동화할 것을 제안했다. 이러한 조치는 시민이 주요 정책 및 시민권을 형성하는 알고리즘 결정을 면밀히 검토하거나 이의를 제기하기 어려운, 투명성과 책임성이 결여된 '블랙박스 민주주의(Black Box Democracy)'를 초래할 위험이 있다.

또한 빅테크(Big Tech)는 인공지능 시스템을 장악함으로써 민주주의의 핵심 인프라를 통제한다. 인공지능 챗봇 등 비서를 활용하는 비율이 증가하고 있어, 인공지능은 점점 더 정치 정보에 대한 접근을 매개할 수 있다. 빅테크의 인공지능 알고리즘은 이용자가 접하는 선거 후보자, 정책, 사실을 결정하기 때문에 정치 지식의 큐레이션을 사유화할 수 있다.

'인공 민주주의'의 위협

인공지능이 생성한 정치 활동이 인간의 정치 참여를 압도하는 '인공 민주주의(Artificial Democracy)' 시대가 오고 있다. 인공지능은 공식적인 정당 구조를 넘어 새로운 형태의 정치 참여를 가능하게 해 민주적 절차에 대한 시민의 참여를 재구성할 수 있다. 여러 연구에 따르면 정치적 대화 강화, 정책 이해의 간소화, 시민과 대표자 간의 쉬운 소통 채널 등 인공지능이 정치 참여를 촉진할 수 있는 길은 다양하다. 이는 대의제 민주주의의 한계인 참여와 대표성의 제약을 극복할 수 있는 가능성을 시사하지만 인공지능 기술을 정치에 활용하는 효과는 국가나 지역의 정치적, 제도적 맥락에 따라 상이하게 나타날 수 있다. 즉 인공지능은 효율성 증대와 더 광범한 참여를 포함한 민주적 거버넌스에 새로운 길을 여는 한편, 현대 민주주의 핵심적인 원칙과 실제 정치 과정에 실존적 위협도 제기한다.

첫째, 자동화된 댓글 시스템과 인공지능 주도 지지 캠페인 등 인공지능 자동화를 통한 정치 참여는 민주적 참여의 진정성에 대해 의문을 제기한다. 인공지능이 생성하는 콘텐츠가 점점 더 정교해짐에 따라, 민주 사회는 정치적 소통을 인증하는 데 어려움을 가질 수 있다.

둘째, 정치적 의사 결정 과정에서 인공지능 시스템의 역할 증대는 민주적 책임성 문제를 야기한다. 인공지능이 거버넌스 과정에 더욱 필수적인 것이 되면서, 투명하고 책임 있는 의사 결정을 보장하는 것이 점점 더 어려워질 수 있다. 인공지능을 활용한 입법 장악도 실제적 위협이 될 수 있다. 기업 로비스트들이 인공지능으로 공론화 과정을 조작해 정부 정책을 사익에 맞출 수 있다.

셋째, 문제는 소셜 미디어 플랫폼에 배포된 인공지능이 오해의 소지가 있거나 잘못된 콘텐츠를 생성하는 속도와 규모에 있다. 그 능력은 민주주의 사회의 감독과 결과 관리 능력을 모두 능가한다.

참고문헌

Benkler, Yochai et al.(2018). *Network propaganda: Manipulation, disinformation, and radicalization in american politics.* Oxford University Press.

Cardillo, Anthony(2024.11.25). 40+ Chatbot statistics. Exploding Topics, https://explodingtopics.com/blog/chatbot-statistics

European Commission(2023). The digital services act. https://commission.europa.eu/strategy-and-policy/priorities-2019-2024/europe-fit-digital-age/digital-services-act_en

European Parliamentary Technology assessment network(2024). Artificial intelligence and democracy, https://eptanetwork.org/news/epta-news/24-publication/140-epta-report-2024

Martin, Zelly et al.(2024). *Political machines: Understanding the role of aI in the U.S. 2024 elections and beyond.* University of

Texas Austin. Center for Media Engagement.
Pew Research Center.(2024). Social media and news fact sheet. https://www.pewresearch.org/journalism/fact-sheet/social-media-and-news-fact-sheet/
Reuters Institute for the Study of Journalism(2023). Digital news report 2023. https://reutersinstitute.politics.ox.ac.uk/digital-news-report/2023
Richardson, R. et al.(2019). Dirty data, bad predictions: How civil rights violations impact police data, predictive policing systems, and justice. *SSRN*, https://papers.ssrn.com/sol3/papers.cfm?abstract_id=3333423
Susser, Daniel et al.(2019). Technology, autonomy, and manipulation. *Internet policy review*, 8(2), https://policyreview.info/articles/analysis/technology-autonomy-and-manipulation
WHO(2022). WHO's Response to COVID-19. 2021 Annual Report, https://www.who.int/publications/m/item/who-s-response-to-covid-19-2021-annual-report

03
정보와 여론 형성

자유로운 언론과 다양한 정보 접근을 통한 여론 형성은 민주주의의 근본적인 요소다. 인공지능은 정보가 생성, 유통, 소비되는 방식을 근본적으로 변화시킨다. 인공지능은 허위 정보, 알고리즘 편향으로 여론 형성과 공적 담론에 변화를 촉발하고, 미디어 환경을 불안정하게 한다. 그러나 한편으로 참여형 플랫폼을 통해 정보 접근성 향상, 민주적 토론 촉진 등 공적 담론을 강화하는 데 활용할 수 있는 잠재력도 있다.

AI와 난임 극복?

인공지능과 민주적 여론 형성

민주주의에서 시민에 의한 통치의 중요한 전제는 사회적 공론장과 미디어의 역할이다. 인공지능은 정보의 수집, 분석, 전달 방식을 혁신적으로 변화시킨다. 특히 대규모 언어 모델은 시민들이 의견을 형성하고 민주적 담론에 참여하는 데 큰 영향을 미친다.

인식론적 위험: 에코 챔버와 필터 버블

인공지능의 개인화 알고리즘은 사용자의 기존 신념을 강화하는 콘텐츠를 큐레이션함으로써 인식론적 파편화를 악화시킨다. 이 과정에서 사용자가 특정 의견이나 관점에 반복적으로 노출되어 다른 관점을 접할 기회가 줄어드는 에코 챔버와 필터 버블 현상이 발생한다. 이 두 가지 현상이 결합하면, 인공지능은 사용자가 선호하는 양극화된 콘텐츠를 계속해서 증폭시키고, 결과적으로 중립적이거나 다양한 관점을 가진 정보는 소외되기 쉽다. 이는 사용자들이 서로 다른 관점을 이해하고 대화를 나눌 기회를 줄어들게 하며, 사회 전반적으로 의견이 극단적으로 갈리는 현상을 초래할 수 있다.

정치 봇 네트워크에 대한 연구들은 인공지능이 양극화 콘텐츠를 증폭시켜 중도적인 관점을 소외시키는 자기 참조적 에코 챔버를 만드는 것을 잘 보여 주고 있다.

예를 들어, 소셜 미디어의 알고리즘 추천은 2023년 독일 연방 선거 기간 동안 극단주의 콘텐츠에 대한 참여를 34% 증가시켰다는 결과가 있다(EDMO, 2024). 학습 데이터세트에 내재해 있거나 미세 조정 과정에서 도입된 편향은 의도치 않게 특정 이념적 관점으로 여론을 왜곡해 양극화를 악화시키고, 민주적 심의를 약화할 수 있다. 이는 사회적 분열을 고착한다. 과거 데이터로 학습된 인공지능 시스템이 소수자 커뮤니티에 대한 과잉 단속과 같은 구조적 편견을 지속시켜 소외된 집단을 민주적 절차에서 더욱 소외시킬 수 있다.

인공지능과 공론 형성

챗지피티와 같은 대중적 인공지능 서비스는 매 순간 방대한 양의 콘텐츠를 생성해 사회 현안, 정치적 결정에 대한 대중의 인식과 사회적 공론 형성에 영향을 미친다. 인공지능은 정보를 분석 · 제공하고, 사용자들의 관심과 필요에 맞춰 개인화된 정보를 제공하고, 여론을 분석하고 예측하며, 나아가 복잡한 사회문제에 대한 데이터를 분석해, 시민이 사회적 현안에 대한 판단과 결정을 내리는 데 도움을 줄 수 있다.

그러나 이러한 시스템은 잘못된 정보를 대규모로 증폭시키고, 정보 환경을 왜곡해 유권자의 자율성을 훼손할 수 있다. 특히 허위 정보의 자동화된 생성과 유통은 민주주의 체제의 공론 형성을 압도할 위험성이 있다. 악의적인 행위자들은 생성형 인공지능을 활용해 허위 정보와 딥페이크를 만들고, 음모론을 부추긴다. 이는 인지적 편향을 악용해 유권자의 인식을 조작하고, 민주주의 기관에 대한 신뢰를 약화한다.

2024년 1월 미국 대선에서는 유권자들에게 예비 선거(프라이머리)에 참여하지 말라고 종용하는 조 바이든 대통령의 목소리를 흉내 낸 딥페이크 로보콜(Robocall)이 화제가 되었다. 이 사건은 인공지능이 생성한 로보콜, 즉 자동 전화 시스템을 이용해 대량으로 발신되는 후보자 사칭 전화가 선거의 공정성을 얼마나 쉽게 왜곡할 수 있는지 보여 주었다.

전통 미디어의 위기와 변화

전통 미디어는 급속한 인공지능 기술의 채택 속에서 '저널리즘 무결성(Integrity of Journalism)'을 유지하는 것이 중요한 과제가 되었다. 미디어와 언론인이 진실하고 공정한 보도, 정보의 정확성, 독립성을 유지하는 것을 의미하는 저널리즘 무결성은 정확하고 신뢰할 수 있는 정보 제공, 정부 · 공공 기관 감시를 통한 책임성 촉진, 투명성 강화 그리고 다양한 관점과 정보 제공을 통한 사회적 통합 유지에 중요한 역할을 한다.

전통 미디어의 변화

신문, 라디오, 텔레비전과 같은 전통 미디어는 콘텐츠 제작, 배포, 소비에서 인공지능이 주는 변화로 인해 상당한 혼란을 겪고 있다. 디아코폴로스는 인공지능 알고리즘이 뉴스 제작, 배포, 소비 방식을 어떻게 변화시키고 있는지 뉴스 제작, 편집 과정 등을 중심으로 분석하고, 그 변화를 크게 네 가지로 정리했다(Diakopoulos, 2019).

첫째, 인공지능 알고리즘은 뉴스 제작 환경을 변화시킨다. 알고리즘은 대량의 데이터 속에서 유의미한 패턴, 관계, 통계적 정보를 발견하는 데이터 마이닝(Data Mining) 과정과 컴퓨터가 명시적으로 프로그래밍되지 않아도 데이터를 학습하고 패턴을 파악해 스스로 성능을 개선하는 머신 러닝(Machine Learning)을 통해 탐사 저널리즘을 혁신한다. 예를 들어, 뉴스봇은 소셜 미디어에서 독자와 소통하며, 독자들의 의견을 모으고, 뉴스를 배포한다. 둘째, 인공지능을 활용해 특정 유형의 기사를 자동 작성하는 것이 가능하며, 언론사는 규모의 경제 효과를 얻을 수 있다. 셋째, 인공지능 활용은 기자들이 더 많은 기사를 쓸 수 있도록 하지만, 품질 유지까지 책임지지는 않는다. 넷째, 미디어에서 인간-알고리즘 하이브리드 협력이 새로운 모델로 부상하고 있다.

기존 미디어는 인공지능의 전통적인 수익 모델 파괴로 인해 실존적 위협에 직면하고 있지만, 인공지능이 반드시 전통 미디어의 몰락을 초래하는 것은 아니다. 전통 미디어는 인공지능을 적극적으로 활용하는 방안을 모색하고 있다.

최근 시도되고 있는 탐사 보도와 시청자 참여 강화 움직임이 대표적이다. 2019년 로이터의 탐사 보도는 자연어 처리(NLP)를 사용해 관련 내용을 인간 기자보다 빠르게 분석한 사례다. 로이터는 "숨겨진 불의(Hidden Injustice)"라는 획기적인 조사 보고서에서 자연어 처리를 사용해 오피오이드 전염병에서 제약 회사의 역할을 밝혀냈다. 이 조사에서는 머신 러닝과 자연어 처리 기술을 사용해 320만 건의 연방 민사 소송과 9천만 건 이상의 법원 소송으로 구성된 방대한 데이터세트를 분석했다. ≪가디언≫은 생성형 인공지능을 지역 뉴스 초안에 활용하고 있는데, 편집 표준을 손상하지 않고 지역 독자층을 늘린 사례다.

이러한 전통 미디어의 노력은 윤리적 기준이 적용될 때 인공지능이 인간 저널리스트를 대체하는 것이 아니라 보완할 수 있는 잠재력이 있음을 보여준다. 인공지능 도입이 느린 매체는 급격한 독자 수 감소를 겪고 있지만, ≪뉴욕타임스≫와 같은 매체는 개인화된 콘텐츠 추천과 자동화된 사실 확인 도구를 통해 디지털 구독자를 비약적으로 늘리는 데 성공했다.

인공지능과 미디어 변화

인공지능이 생성한 콘텐츠가 디지털 공간에 넘쳐나면서 전통 미디어의 수익 모델이 붕괴하고, 진실보다는 입소문(Virality)에 최적화된 자동화된 시스템이 공적 담론을 지배한다. 경영과 운영 측면에서 언론사는 정치적 편향성을 띤 기사를 대규모로 생성하는 인공지능 기반 콘텐츠 농장(Farm)과 경쟁하는 상태까지 몰리고 있다.

과거 콘텐츠 제작과 편집 판단을 인간 저널리스트에게 의존했던 전통 미디어는 이제 인공지능 도구를 업무에 점점 더 많이 활용한다. 자동화를 통해 신속한 데이터 분석, 콘텐츠 개인화, 심지어 간단한 정보 제공을 위한 자동화된 뉴스 작성까지 가능해졌다. 이러한 자동화는 효율성을 향상하는 한편, 언론의 투명성과 책임성에 대한 윤리적 문제를 제기한다. 윤리적 딜레마에는 알고리즘 투명성(콘텐츠가 인공지능으로 생성된 경우 시청자가 이를 알 수 있도록 보장)과 기계로 생산된 결과물에 대한 편집자의 책임 등이 포함된다.

또한, 인공지능 시대에는 언론인의 역할도 변화한다. 인공지능의 활용은 뉴스 룸의 노동 역학을 변화시킨다. 저널리스트는 전통적인 콘텐츠 제작자에서 알고리즘에 의해 처리되는 여러 '정보 흐름(Information Stream)'을 관리하는 '디지털 큐레이터(Digital Curator)' 즉 디지털 콘텐츠를 수집, 관리, 선별, 그리고 전시하는 역할을 하는 전문가로 진화하고 있다. 이러한 과정에서 전통 미디어는 디지털 광고 수익과 콘텐츠 배포 채널을 장악하고 있는 구글, 페이스북과 같은 거대 기술 기업과 경쟁하고, 예속되지 않는 방안을 찾기 위해 고심하고 있다.

인공지능 이후의 정보 생태계

인공지능의 등장으로 민주주의 사회의 정보와 여론 형성의 메커니즘은 큰 변화에 직면하고 있다. 인공지능은 개인 맞춤 미디어 서비스라는 초개인화를 통해 개인의 요구에 더 가까이 다가갈 수 있는 한편, 사회적 공론 형성을 어렵게 한다. 또한 고도의 인공지능이 생성하는 정보의 진위성 파악이 어려워지면서 공론장에서의 토론과 합의가 위기에 처한다.

초개인화 · 탈중앙화 정보 생태계

인공지능 이후의 미디어 생태계는 개인의 취향에 맞게 맞춤화되는 초개인화와 탈중앙화 방향으로 변화하고 있다. 이러한 미디어 생태계는 콘텐츠가 개인의 취향에 맞게 맞춤화되고, 인공지능이 큐레이션한 맞춤형 정보를 제공하는 '마이크로 퍼블릭(Micro Public)'을 특징으로 한다.

첫째, 인공지능은 개인 맞춤형 콘텐츠 추천으로 사용자의 검색 기록, 시청 기록, 소셜 미디어 활동 등을 분석해, 개인의 취향에 맞는 콘텐츠를 추천한다. 둘째, 콘텐츠 큐레이션으로 방대한 양의 콘텐츠 중에서 사용자가 관심을 가질 만한 콘텐츠를 선별 제공한다. 셋째, 초개인화 서비스로서 사용자의 행동 패턴과 선호도를 분석해, 개인 맞춤형 서비스를 제공함으로써 사용자 경험을 극대화한다.

조작 미디어와 진위성

생성형 인공지능의 발전으로 사람이 만든 콘텐츠와 인

공지능이 만든 콘텐츠의 경계가 모호해졌다. 콘텐츠의 진위성 검증을 위한 다양한 기술과 방법이 개발되고 있으며, 팩트 체크 알고리즘과 빅데이터 분석, 인공지능 기반 진위성 판별 도구 등이 있다. 이러한 기술들은 인공지능이 생성한 조작 미디어의 부작용을 최소화하고, 사용자들이 신뢰할 수 있는 정보를 접할 수 있도록 돕는 역할을 하지만, 기술과 비용 측면에서 완벽한 검증을 하는 것은 불가능하다. 인공지능 생성 미디어의 진위성 여부를 판단하기 어렵다는 것은 사람들이 사실 기반 담론에서 멀어지는 '현실 무관심'을 낳을 우려가 있다.

인공지능과 여론 형성

알고리즘 조작과 조작 미디어는 민주주의 사회 공론장에 위험을 초래한다. 그러나 인공지능은 정보와 여론 형성에서 시민 참여와 저널리즘의 엄정성을 활성화할 수 있는 도구도 제공한다.

인공지능은 민주적 심의와 숙의의 도구로 활용될 수 있다. 시민 심의를 촉진하기 위해 대화형 인공지능을 활용하면 현재 시민 참여의 제약 요인을 개선할 수 있다. 인공지능을 활용해 정보의 정확성을 신속하게 검증하도록 하면, 시민들이 균형 있고 신뢰할 수 있는 정치 정보에 쉽게 접근할 수 있다.

또한 방대한 데이터세트를 분석하고 설득력 있는 콘텐츠를 생성하는 인공지능의 능력은 다양한 관점을 분석 · 종합해 양극화된 논쟁을 중재할 수 있고, 이는 민주적 여론 형성에 도움이 될 수 있다. 인공지능의 이러한 활용은 전통적인 타운 홀(town hall)을 넘어 참여 절차를 확장함으로써 숙의 민주주의에 기여할 수 있다.

인공지능이 정보와 여론 형성에 야기하는 문제를 해결하려면 기술 혁신, 규제 제도, 윤리 가이드라인, 디지털 미디어 소비에 대한 대중의 문해력 향상 등 다방면의 노력이 필요하다. 이를 위해 규제 감독 기관은 선거 무결성이나 시민의 자유를 위협하는 디지털 조작 전술에 대한 강력한 규제와 알고리즘 투명성을 보장하는 포괄적인 규제 제도를 개발해야 할 것이다.

인공지능이 생산하는 콘텐츠에 대해 자율 규제를 포함한 사전 예방적 규제 틀을 마련하는 한편, 민주적 담론을 뒷받침하는 공감과 윤리적 판단이라는 인간적 요소에 대한 더 많은 관심이 필요하다. 대만의 디지털부장관 오드리 탕(Audrey Tang)이 ≪타임≫ 지에서 말한 것처럼, 인공지능으로 인간성의 침식을 가져오는 것이 아니라, 인간성을 증폭시켜야 한다(Time, 2023).

참고문헌

정용찬 외(2023.12.15). 2023년 한국미디어패널조사 주요 결과. ≪Kisdi Stat Report≫, 23-23, https://mediasvr.egentouch.com/egentouch.media/apiFile.do?action=view&SCHOOL_ID=1007002&URL_KEY=a21a5006-3b58-4e73-93b2-a7be875b4e2a

Diakopoulos, Nicholas(2019). *Automating the news: How algorithms are rewriting the media*. Harvard University Press.

European Digital Media Observatory(2024). EU elections disinfo bulletin. https://edmo.eu/thematic-areas/elections/european-elections/eu-elections-disinfo-bulletin/

Reuters(2019.6.25.~12.19). How U.S. courts cover up deadly secrets: Hidden injustice. https://www.reuters.com/investigates/section/usa-courts-secrecy/

Time(2023.9.7). Audrey Tang. Time100 AI. https://time.com/collection/time100-ai/6308288/audrey-tang/

Unesco(2024.5.16). Artificial intelligence and democracy. https://www.unesco.org/en/articles/artificial-intelligence-and-democracy

04
알고리즘 편향과 양극화

인공지능의 알고리즘 편향은 사회적 차별과 불평등을 지속 · 강화할 수 있다. 알고리즘은 사용자 맞춤형 콘텐츠를 제공하는 차원을 넘어, 사회적 분열과 양극화를 심화시키며, 상이한 의견을 가진 집단 간의 대화와 타협을 어렵게 만든다. 이는 다양한 의견과 정보에 기반한 민주적 대화와 합의라는 민주주의의 핵심 가치인 다양성과 포용성을 위협한다.

AI와 사주?

알고리즘 편향과 원인

알고리즘 편향이란 인종, 성별, 나이, 정치적 성향 등 법적으로 보호되는 속성에 따라 특정 집단에 불균형적으로 불리하게 작용하는 인공지능 시스템 내의 오류를 의미한다. 데이터 수집, 학습 과정, 그리고 의사 결정 로직에 내재할 수 있는 체계적 왜곡으로, 결함이 있거나 대표성이 없는 훈련 데이터세트와 알고리즘 설계자의 주관적인 프로그래밍 결정에서 발생한다. 또한 편향은 과거 데이터에 내재한 기존의 사회적 편견을 복제하거나 인간 프로그래머의 암묵적 편견을 반영할 수 있다.

이는 인종, 성별, 경제적 배경 등 사회적 요인을 반영하거나 증폭시킬 위험이 있으며, 특히 기존의 사회적 불평등을 강화할 수 있다. 검색 엔진의 결과는 사회적 약자를 소외시키는 방식으로 제시될 수 있으며, 알고리즘 설계상의 한계가 사회적 차별을 재생산할 수 있다(Noble, 2018).

데이터 편향: '편향 인-편향 아웃(Bias in, Bias out)'

데이터 편향은 알고리즘이 학습하는 데이터가 편향되어 있으면, 알고리즘도 그 편향을 학습한다는 것이다. 인공지능 알고리즘은 과거 데이터에서 패턴을 학습하고, 이

데이터가 기존의 사회적 편견이나 불평등을 반영하는 경우, 필연적으로 편견을 재생산하거나 증폭한다. 예를 들어, 과거 고용 데이터로 학습된 채용 알고리즘은 데이터세트에 내재한 차별적 관행으로 인해 소외된 집단을 체계적으로 배제할 수 있다.

데이터 수집 편향

데이터 수집의 용이성으로 인해 데이터세트가 지배적인 집단을 불균형적으로 나타낼 때 편향이 발생한다. 그 결과, 소외된 집단은 과소 대표되거나 잘못 대표된다. 프린스턴 연구진은 머신 러닝 프로그램이 인간 의사 결정자가 달성한 결과를 복제하도록 설계되었기 때문에 인간의 암묵적 편견을 반영하는 경우가 많다는 사실을 밝혀냈다(Caliskan et al., 2017).

설계 편향

설계 편향은 알고리즘 개발자의 신념과 선입견이 알고리즘 구성에 미치는 무의식적 또는 의식적 영향에서 기인한다. 엔지니어는 모델 학습 중에 우선순위를 지정할 데이터 기능을 선택하는데, 부적절한 기능 선택은 알고리즘 출력에 개인적인 편견을 포함할 수 있다. 아마존의 인공지능 채용 프로그램이 성차별 문제로 폐기된 사례는 이러한 현상을 잘 보여준다.

알고리즘 편향과 민주주의

알고리즘 편향성은 민주주의 체제 내 개인, 집단, 기관, 시스템 전반에 위기를 가져온다. 알고리즘 편향성은 개인의 자율성, 집단의 평등 대표권, 제도적 신뢰성 등 다양한 사회적 수준에서 제도적 불평등을 영속화한다. 나아가 잠재적으로 윤리적 고려의 제약을 덜 받는 독재 체제를 유지하는 데 활용되는 한편, 민주주의 체제에는 위협으로 작용해 전 세계 현대 민주주의에 심각한 도전이 되고 있다.

개인: 자치와 자율성

인공지능은 개인화된 알고리즘을 기반으로 콘텐츠를 필터링해 시민의 정보 환경을 형성한다. 이러한 필터링은 다양한 관점에 대한 개인의 접근을 제한할 수 있다. 인공지능의 활용으로 자기 통치에서 전문가 통치(Expert Rule)로의 전환이 발생하고, 개인이 독립적으로 본인이 취득한 정보에 입각한 결정을 내리는 능력을 제한한다. 이는 시민의 민주적 자율성을 크게 훼손한다.

집단: 평등과 대표성

알고리즘 편향은 이미 소외된 집단과 계층에 체계적으로 불이익을 줌으로써 구조적 불평등을 악화시킨다. 이러한 차별은 선거 참여권에 영향을 미치는 편향된 정책 시스템과 사회경제적 이동성을 제한하는 불공정한 고용 관행을 통해 지속된다. 차별은 동등한 대표성과 공정성이라는 민주주의의 이상을 훼손한다.

기관: 선거 무결성

챗지피티와 같은 생성형 인공지능 도구는 특정 정치적 관점을 선택적으로 홍보하고 다른 관점을 소외시켜 대중의 담론을 왜곡하는 이념적 편향성을 보일 수 있다. 정보 환경 필터링(알고리즘 필터링), 정교한 행동 조작(Hyper-Nudging), 마이크로타기팅과 같은 인공지능 기반 조작 기술은 유권자를 양극화시킨다. 이는 특히 민주주의를 뒷받침하는 핵심 제도인 선거 공정성에 대한 문제 제기로 나타난다.

시스템: 민주 대 독재

시스템적 차원에서 편향된 인공지능은 민주적 절차에 대한 신뢰를 약화해 독재 정권에 비해 민주주의 체제에 더 큰 영향을 미칠 수 있다. 독재나 권위주의 체제는 얼굴 인식 기술 등을 국민을 감시하고 통제하며, 여론 조작을 통해 체제를 더욱 강화하는 데 활용할 수 있다. 민주주의 체제에서는 여론 조작과 프라이버시 침해 그리고 정보 편향성으로 민주주의 사회의 다양성과 시민의 자유, 자유롭고 공정한 선거와 공론장을 위협한다.

편향과 양극화

알고리즘 편향성은 의견 분열을 강화하고, 정치적 분열을 심화시키며, 에코 챔버를 만들어 사회 양극화를 심화시킨다. 소셜 미디어와 뉴스 추천 알고리즘은 같은 생각을 하는 사람들 간의 상호작용을 선호해 양극화를 악화시키고, 대중 담론을 분열시킨다. 알고리즘 편향은 유사한 관점 간의 상호작용을 촉진하고, 뚜렷한 의견 군집으로 파편화를 심화하며, 합의 형성을 늦춤으로써 사회 양극화에 큰 영향을 미친다.

알고리즘 양극화

'알고리즘 양극화'는 현대 정치 극단주의의 중요한 요인 중 하나로 드러나고 있다. 알고리즘 편향은 소셜 네트워크를 양극화할 뿐만 아니라 고립된 의견 군집으로 파편화한다. 콘텐츠 필터링 메커니즘은 기존의 이념적 분열을 확대해 의견을 급진화하고, 집단 간 적대감을 증가시키는 것으로 나타났다(Peralta, 2021).

추천 알고리즘은 다양한 관점에서 사용자를 고립시키는 디지털 에코 챔버를 만들어 확증 편향을 증폭시킨다. X(트위터)의 추천 알고리즘은 주로 정치적으로 일치하는 콘텐츠에 사용자를 노출해 반대 관점에 대한 노출을 크게 제한하고, 당파적 분열을 조장한다. 추천 알고리즘이 만들어 내는 필터 버블은 다양한 사회 집단 간의 정보 격차를 확대하며, 상이한 의견이 서로 대립하는 구조를 강화한다. 이에 따라, 사회 내에서 타협과 상호 협력이 어려워지고, 극단적 이념 간의 갈등이 심화할 수 있다. 결과적으로 민주주의가 요구하는 공론장의 형성과 포용적 대화의 기반이 약화하며, 이는 민주주의의 지속 가능한 발전에 부정적 영향을 미칠 위험이 있다.

다론 아제모을루(Daron Acemoglu et al., 2024)는 정치적 양극화에 초점을 맞춰 인공지능 기반 온라인 플랫폼이 민주 정치에 미치는 영향을 분석했다. 연구에 따르면, 소셜 미디어 채널에서 인공지능 기반 추천 알고리즘은 반대 성향의 콘텐츠 노출을 제한하는 에코 챔버를 생성해 사용자 참여를 극대화하고, 유권자 양극화를 증가시켜 결과적으로 정당 양극화를 유도한다. 또한 플랫폼이 구독 기반 접근 방식이 아닌 타기팅된 디지털 광고 모델을 채택하면서 유권자, 더 나아가 정당 자체를 양극화시킨다. 이러한 이론적 분석은 인공지능이 정당 정치에 미치는 영향이 단순히 기술적인 것이 아니라 근본적으로 구조적인 것이며, 정당이 운영되는 인센티브 시스템을 변화시킨다는 것을 의미한다.

소셜 미디어 플랫폼의 알고리즘 편향은 균형 잡힌 정보 교환보다 참여를 우선시하는 메커니즘을 통해 대중 담론을 분열시키는 여론 양극화의 중요한 원인으로 부상했다. 이러한 알고리즘은 인간의 인지적 편향을 악용하고, 이념적 에코 챔버를 증폭시키며, 의견 형성의 역학을 체계적으로 변화시킨다.

양극화의 메커니즘

알고리즘이 비슷한 의견을 가진 사람들을 우선적으로 연결하면 일반적으로 합의를 기대할 수 있는 조건에서도 합의에 도달할 가능성이 크게 줄어든다(Sîrbu et al., 2019). 대신 알고리즘의 편향성으로 인해 여러 의견 군집이 형성되고, 개인 의견 간의 평균 거리가 늘어나면서 양극화가 심화한다. 또한 의견의 수렴이 어려워지면서 매우 불안정한 사회적 역학 관계가 형성되어 적시에 합의가 형성되기 어렵게 된다.

소셜 미디어 알고리즘은 사용자의 기존 신념과 일치하는 콘텐츠를 큐레이션해 사용자 참여를 최적화하고, 이 과정은 유사한 타인과 관계를 맺으려는 인간의 자연스러운 경향인 '동질성'을 반영한다. 예를 들어, X의 '팔로우할 사람' 기능과 유튜브의 추천 시스템은 이념적으로 일치하는 콘텐츠를 증폭시켜 다양한 관점에 대한 노출을 줄인다. 이에 따라 사용자들이 점점 더 고립되는 자기 강화적 피드백 루프가 형성된다. 즉 상반된 견해를 지닌 정치 집단이 서로 겹치는 이슈에 거의 관여하지 않아 분열이 악화할 수 있다. 마찬가지로, 페이스북의 뉴스피드 알고리즘은 감정을 자극하는 콘텐츠에 우선순위를 두기 때문에 사실에 근거한 뉴스보다 잘못된 정보가 더 빠르게 확산한다는 연구 결과도 많다.

알고리즘 편향의 완화

알고리즘 편향 문제를 해결하려면 기술 솔루션과 강력한 제도적 틀을 통합하는 종합적인 전략이 필요하다. 편향되지 않은 데이터세트 구축 방법론을 마련하고, 기술 개발 단계 전반의 책임성을 촉진하는 투명한 거버넌스 구조를 결합하는 노력이 필요하다. 기술적 전략과 더불어 지속적인 학제 간, 국가 간 협력을 통해서 사회는 인공지능의 이점을 효과적으로 활용하는 동시에 무분별한 알고리즘 차별로 인한 민주주의의 위기에서 민주주의를 지켜낼 수 있다.

기술적 접근

편향되지 않은 데이터세트 구축이 필요하다. 즉 인구통계학적 범주 전반에서 균형 잡힌 대표성을 확보하면 학습 데이터의 내재적 편향성을 줄일 수 있다. 과소 대표 집단을 과다 샘플링하거나 '작은 데이터'를 '큰 데이터'와 통합하는 등의 기술은 불완전한 과거 기록으로 인한 부정확성을 완화할 수 있다.

다음으로 알고리즘 투명성의 강화로서 이를 통해 인공지능 의사 결정 프로세스에 대한 외부의 감시가 가능해진다. 기능 선택 기준과 모델 목표에 관한 명확한 문서화는 책임 소재를 명확히 하고, 숨겨진 설계자의 편견을 줄인다.

마지막으로, 편향성 감지 메커니즘으로서, 모델 학습 중에 잠재된 편향을 식별할 수 있는 자율 테스트 프레임워크를 구현하면 배포 전에 선제적으로 개입할 수 있다.

데이터세트 내에서 편향된 패턴을 자율적으로 식별할 수 있는 비지도 학습 알고리즘과 같은 고급 머신 러닝 방법을 사용하면 인종 및 성별 범주에서 차별을 줄일 수 있다.

거버넌스 접근

외부 규제 감독과 함께 조직 내부의 윤리적 거버넌스 메커니즘을 구축하면 책임성을 확보할 수 있다. 정책 입안자들은 전 세계 고용 관행 전반에 걸쳐 인공지능으로 인한 차별을 명시적으로 다루는 명확한 법적 기준을 개발해야 한다.

참고문헌

Acemoglu, Daron et al.(2024.9.19~20). Artificial intelligence and political cconomy. In Agrawal, Ajay et al.(2024). *The political economy of artificial intelligence*. University of Chicago Press, https://www.nber.org/books-and-chapters/political-economy-artificial-intelligence/artificial-intelligence-and-political-economy

Caliskan, Aylin(2017.4.14). Semantics drived automatically from language corpora contain human-like biases. *Science*. 356(6334), pp.183-186.

Noble, S. U.(2018). *Algorithms of oppression: How search*

engines reinforce racism. NYU Press.

Peralta, Antonio F. et al.(2021.10.21). Effect of algorithmic bias and network structure on coexistence, consensus, and polarization of opinions. *Physical review journal*, https://journals.aps.org/pre/abstract/10.1103/PhysRevE.104.044312

Sîrbu, Alina et al.(2019.3.5). Algorithmic bias amplifies opinion fragmentation and polarization: A bounded confidence model, *Plos One*, https://journals.plos.org/plosone/article?id=10.1371/journal.pone.0213246

05

감시 사회와 시민 자유

인공지능 감시 사회가 선진국과 개발도상국을 막론하고 전 세계적으로 확산되어 시민의 자유와 프라이버시를 심각하게 위협하고 있다. 기술의 오류와 편향성은 소수자 차별을 심화시키고, 권위주의 국가에서는 정치적 탄압의 도구로 악용되고 있다. 지금이라도 민주적 통제와 법적 기준 마련이 시급하다.

AI와 아이돌?

감시 기술의 확산과 인공지능

1990년대부터 대중교통을 노린 테러에 대응하기 위해 런던 시내에 도입된 CCTV 카메라는 2012년 런던 올림픽을 거치며 확대되어 2021년 기준 약 60만 대가 설치되었다. 이제 CCTV는 단순한 녹화 장치를 넘어 사람의 얼굴을 인식하고 분석할 수 있는 인공지능 알고리즘과 결합하고 있다.

중국에서도 10억 개 이상의 얼굴을 보유한 세계 최대 규모의 데이터베이스가 구축하며 감시를 강화하고 있다. 미국 역시 9 · 11 테러 이후 안보 강화를 명목으로 얼굴 인식과 같은 감시 기술에 대한 투자를 급격히 증가시켜 왔다.

얼굴 인식 기술의 보급은 민주 사회의 핵심 가치인 시민의 자유와 프라이버시를 심각하게 침해하고 있다. 얼굴 인식 기술의 확산은 개인의 사생활 침해 차원을 넘어 공공장소에서 행동을 위축시켜 사회 전체에 영향을 미치고 있다. 항상 감시받고 있다는 인식은 집회와 결사를 위축시키고, 사회적 유대와 시민 간 상호작용을 방해한다. 이는 결국 사회 구성원 간 불신을 조장하는 결과를 초래한다.

영국의 개인정보 감독 기구인 정보위원회가 2021년

발표한 『공공장소에서의 실시간 얼굴 인식 기술 사용 보고서(Information Commissioner's Opinion: The use of live facial recognition technology in public places)』에서는 사회에 대한 위축 효과에 우려를 표명했다. 법 집행기관을 통한 감시, 사회적 낙인 또는 단순히 CCTV에 촬영되어 식별되기 싫다는 이유로 공공장소에서의 자유로운 권리 행사가 위축될 수 있다는 것이다. 이러한 위축 효과는 취약 계층에게 더욱 심각한 영향을 미칠 수 있다. UN 표현의 자유 특별 보고관도 얼굴 인식 기술이 민주사회의 핵심 가치인 표현의 자유, 집회 및 결사의 자유에 부정적인 영향을 미칠 수 있다고 보았다.

편향성 문제

얼굴 인식 기술은 아직 정확성이 떨어질 뿐만 아니라, 설령 정확하더라도 학습데이터에 영향을 주는 사회적 편향성으로 인해 개인에게 중대한 영향을 미칠 가능성이 높다.

조이 부올람위니(Joy Buolamwini), 팀닛 게브루(Timnit Gebru)는 2018년 IBM, Face++, 마이크로소프트가 구축한 얼굴 인식 시스템의 오류율을 비교 발표했다. 이 연구는 백인 남성에 대한 오류율은 1% 미만이지만, 흑인 여성에 대한 오류율은 최대 35%에 달한다는 것을 밝혀냈다. 이 획기적인 연구는 알고리즘도 인종 차별적일 수 있다는 사실을 입증했다.

얼굴 인식 기술의 오류로 인해 무고한 시민이 체포되는 사례도 나타나고 있다. 이러한 피해자는 사회적 소수자거나, 유색 인종인 경우가 대부분이었다. 뉴저지 주민 흑인 니저 파크스는 2019년 얼굴 인식 기술의 오류로 인해 10일간 구금되어야만 했다. 2020년 디트로이트에 사는 두 아이의 아버지인 흑인 로버트 윌리엄스 역시 저지르지 않은 범죄 혐의로 가족 앞에서 체포되기도 했다. 또한, 미국에서 태어난 대학생 아마라 마지드는 스리랑카 부활절 폭탄 테러와 관련해 테러리스트로 잘못 지목되어 온 가족이 심각한 정신적 고통을 겪어야만 했다.

얼굴 인식 기술의 오류와 인간의 편향성이 결합할 때, 특히 소수자 집단에 대한 과잉 법 집행과 국가 폭력이 증대될 수 있다. 인간의 확증 편향과 기술이 가진 편향성이 결합할 때, 이미 과도하게 차별받는 소수자 집단에는 더 큰 억압으로 작용하게 된다.

악용되는 감시 기술의 전 세계적 확산

인공지능 감시 기술은 특정 인종, 종교, 계층 등을 겨냥한 감시 도구로 악용될 수 있다. 중국의 신장 웨이우얼 자치구에서 얼굴 인식 기술, 인공지능 감정 감지 소프트웨어, 정부가 강제로 설치하게 한 데이터 수집용 휴대전화 앱 등이 무슬림 위구르족의 자유로운 활동을 제한하고 통제하는 데 광범위하게 활용되고 있다는 것은 널리 알려진 사실이다.

이렇듯 정치적 반대 세력을 억압하는 도구로 사용되고 민주주의 근간을 위협하는 인공지능 감시 기술은 수출을 통해 전 세계적으로 확산되고 있다.

화웨이는 안전 도시 이니셔티브(Safe City Initiatives)의 일환으로 인공지능 감시 기술 및 인프라를 우간다, 케냐, 에티오피아, 남아프리카를 포함한 국가들에 판매해왔다.

우간다는 2021년 대통령 선거를 앞두고 화웨이로부터 약 1억 2600만 달러 규모의 얼굴 인식 카메라 등을 구입했고, 인권 활동가들의 우려처럼 이 감시 기술은 야당 정치인과 정부 반대 시위대를 추적하고 탄압하는 데 활용되었다. ≪월스트리트 저널≫은 우간다와 화웨이는 부인하고 있지만 화웨이의 인공지능 감시 기술이 야당 정치인을 추적하는 데 활용되고 있다고 보도한 바 있다.

우간다 대통령 선거 몇 달 전에는 인기 음악인이자 야

당 지도자인 보비 와인(Bobi Wine)이 코로나19 지침 위반 혐의로 체포되면서 전국적으로 폭동과 시위가 발생했는데, 경찰 대변인은 화웨이가 공급한 CCTV 기술, 번호판 판독기 및 얼굴 인식 기술이 시위자를 식별하고 수백 명의 용의자를 식별하고 추적하는 데 사용되었다고 확인했다.

화웨이 남아프리카 부문 공공 업무 선임 이사인 애덤 레인(Adam Lane)은 기술이 인권을 침해하지 않도록 회사가 어떤 안전 조치를 하고 있는지 질문받자, "화웨이는 기술을 개발하지, 공공 정책을 개발하지 않는다. 그것은 정책 입안자와 입법자의 역할이다"라고 답했다.

인공지능 감시 기술은 국경을 넘어 광범위하게 악용되고 있고, 전 세계적으로 통용되는 개인 정보 보호 규칙과 투명성은 불분명한 상황이다. 권위주의 국가는 감시 기술을 통해 자유를 더욱 제약하고 정치적 반대자들을 탄압하고 있으며, 이를 막는 것은 더욱 어려워졌음을 의미한다.

관련 규제

유럽연합은 「인공지능법」 제5조에서 얼굴 인식 데이터베이스 개발을 위한 무차별 수집(Untargeted scraping to develop facial recognition databases), 감정 인식(Emotion recognition), 생체 인식 분류(Biometric categorisation), 실시간 원격 생체 인식(RBI)과 관련된 금지 요건을 정해 인공지능 감시 기술에 대해 가장 적극적인 규제 방향을 제시했다.

미국은 일리노이주에서 2008년 「생체 정보 개인 정보 보호법」이 제정되었고, 샌프란시스코, 서머빌, 오클랜드, 버클리 등에서 공공 기관에서의 얼굴 인식 기술 사용에 대한 중지를 조례로 통과시켰으나, 미연방 차원에서의 명확한 규제는 여전히 미비한 상태다.

국내에서는 인공지능에 대한 접근보다는 「개인 정보 보호법」상 개인 정보 보호 차원에서 접근하고 있다. 법무부는 2019년 4월 과기부와 업무 협약을 체결해 출입국 심사 고도화를 위해 인공지능 식별 추적 시스템 개발 사업을 추진했는데, 이때 홍채, 얼굴, 손바닥 정맥, 지문 정보 수집 및 활용이 쟁점이 되었다. 개인 정보보호위원회는 이에 대해 법무부가 보유한 얼굴 정보를 출입국 심사 인공지능 개발에 활용한 것은 목적 범위 내 이용이지만, 위탁사인 개발사 정보를 공개하지 않은 점은 과태료 사안으로 해석했다.

국내에서도 앞으로 인공지능 감시 기술의 개발 및 활

용이 증가할 수밖에 없다. 이를 개인 정보 보호의 차원이나 동의의 문제로만 접근할 경우, 인권이나 민주주의에 미치는 영향이 외면될 수 있다.

아직 전 세계적으로 인공지능 감시 기술이나 얼굴 인식 기술에 대한 명확한 법 제도는 충분하지 않은 상황이다. 향후 인공지능 감시 기술은 시민의 자유와 사회에 미치는 영향을 고려해 만들어 나가야 할 필요가 크다.

기술 발전과 시민 자유 사이

테러 대응이라는 국가 안보 명목하에 도입된 감시 기술은 시민의 자유에 큰 위협 중 하나가 될 수 있다. 미 국가안보국(NSA)에 대한 에드워드 스노든(Edward Snowden)의 내부 고발에서 확인된 것처럼, 국가 안보의 비밀스러운 특성 때문에 민주적 절차에 따른 통제는 쉽지 않다. 국가 안보라는 이름으로 포장되지만, 민주적으로 통제되지 못하면 때로는 일반 시민의 권리를 침해한다.

기술은 양면성을 지닌다. 얼굴 인식 분석 기술 같은 인공지능 기술은 심혈관 질환, 알츠하이머, 파킨슨병과 같은 뇌 질환 질병의 조기 발견을 위해서도 활용될 수 있다. 하지만 의학적 활용도 민주적 통제 없이는 시민의 자유를 제한하고 소수자를 차별하는 도구로 변질될 위험이 있다.

인공지능 감시 기술의 발전과 활용이 반드시 디스토피아적 감시 사회로 귀결되는 것은 아니다. 그러나 우리는 그동안 얼굴 인식과 같은 감시 시스템에 대해 충분히 주의를 기울이지 않았고, 국가는 대규모로 개인을 추적, 모니터링, 프로파일링할 수 있는 상황이 되었다. 이제라도 민주적 절차를 통해 감시 기술의 사용을 철저히 감독하고, 시민의 인권과 자유를 보호할 수 있는 법적 기준을 마련해야 한다.

참고문헌

Bhumarkar, Monica et al.(2024). The impacts of the use of aI in surveillance and the privacy rights of people. IJCRT.ORG.

Buolamwini, Joy & Gebru, Timnit(2018). Gender shades: Intersectional accuracy disparities in commercial gender classification. *Proceedings of machine learning research*, 81(115), https://proceedings.mlr.press/v81/buolamwini18a/buolamwini18a.pdf

Crockford, Kade(2020.6.16). How is face recognition surveillance technology racist?, *ACLU*, https://www.aclu.org/news/privacy-technology/how-is-face-recognition-surveillance-technology-racist

Information Commissioner's Office(2021.6.18). The use of live facial recognition technology in public places.

Katzenstein, Jessica(2023.9.26). Total information awareness: The high costs of post-9/11 U.S. mass surveillance. Watson Institute for International and Public affairs, https://home.watson.brown.edu/research/research-briefs/total-information-awareness-high-costs-post-911-us-mass-surveillance

Murgia, Madhumita(2024.7.11), When facial recognition helps police target black faces, *The Walrus(Inkl)*, https://www.inkl.com/news/when-facial-recognition-helps-police-target-black-faces

Murray, Daragh(2024). Facial recognition and the end of human rights as we know them?, *Netherlands quarterly of human rights*, 42(2), https://journals.sagepub.com/doi/10.1177/09240519241253061

Olvera, Abi(2024.6.7). How ai surveillance threatens democracy everywhere. *Bulletin of the atomic scientists*, https://thebulletin.org/2024/06/how-ai-surveillance-threatens-democracy-everywhere/

UN Human Rights Council(2019). Surveillance and human rights : report of the special rapporteur on the promotion and protection of the right to freedom of opinion and expression. https://digitallibrary.un.org/record/3814512?v=pdf

06
정책 결정과 민주적 딜레마

인공지능 시스템을 도입해 정부의 정책 결정과 업무, 시민 의견 수렴에 활용하는 정부 공공기관이 증가하고 있다. 인공지능 기반 데이터 분석 및 예측 모델은 정책 수립 과정의 효율성을 높이는 동시에 신속한 의사 결정을 지원할 수 있다. 그러나 인공지능 알고리즘에의 의존은 인간 고유의 경험과 가치 판단이 소홀해질 위험도 내포하고 있다. 이는 민주주의의 핵심인 시민 참여와 통제에 실질적 위험이다.

AI와 야구?

인공지능 기반 정책 결정의 특징과 한계

정부 공공 기관의 업무 및 정책 결정 과정에 인공지능 활용이 증가하고 있다. 기술의 급격한 발전은 정책 결정의 근본적 틀을 경험주의에서 알고리즘 중심주의로 이동시킨다. 전통적인 정책 결정 메커니즘은 인간 중심의 직관적 판단과 제한된 데이터 분석에 의존해 왔으나, 인공지능은 방대한 데이터와 복잡한 알고리즘을 통해 보다 정교하고 예측적인 정책 분석을 가능케 한다.

효율성 증대와 의사 결정 지원

인공지능은 대규모 데이터를 신속하게 처리하고, 복잡한 패턴을 식별하는 능력을 갖추고 있어 정책 결정 과정에서 객관적 판단 자료를 제공할 수 있다. 예를 들어, 교통, 보건, 교육 등 다양한 분야에서 수집된 데이터를 기반으로 정책의 성공 가능성을 예측하거나 최적의 자원 배분 방안을 도출하는 사례가 보고되고 있다. 이러한 접근 방식은 정책 집행의 신속성과 비용 효율성을 크게 향상할 수 있다.

인간 가치와 경험의 배제

인공지능 알고리즘은 과거의 데이터에 기초해 판단을

내리므로 사회의 현재 맥락이나 인간 고유의 가치 판단, 윤리적 고려를 충분히 반영하지 못할 수 있다. 정부 공공 기관이 이러한 고려 없이 활용할 경우, 데이터에 내재한 편향이 인공지능 정책 모델을 통해 사회에 제도화될 위험이 있다. 이는 미국 형사 사법 시스템의 '대체 제재를 위한 교정 범죄자 관리 프로파일링(COMPAS, Correctional Offender Management Profiling for Alternative Sanctions)' 사례에서 잘 드러난다. 미국에서 범죄자의 재범 가능성을 평가하기 위해 사용되는 알고리즘 기반의 도구로서, 판사들이 형량, 보석, 가석방 등의 결정을 내리는 데 도움을 주기 위해 설계되었다. 그러나 일반인과 당사자는 알고리즘을 확인할 수 없다는 점, 그리고 과거 수사 기록에 반영된 인종적 편견이 재범 위험도 평가 점수로 재생산된다는 점에서 민주 시민의 권리인 투표권 박탈로 이어질 수 있다는 비판을 받았다.

2021년 OECD 분석에 따르면, 머신 러닝 기반 예측 모델을 활용한 소득 및 자원이 제한된 사람에게 의료비를 지원하는 미국의 메디케이드(Medicaid) 예산 배분은 전통적 방식 대비 오류율을 18% 감소시켰지만, 저소득층 지역의 의료접근성 격차는 오히려 7% 확대되었다. 또한 2021년 네덜란드에서 발생한 육아 수당 스캔들은 인공지능 알고리즘이 잘못된 방식으로 사용된 사례다. 네덜란드 세무 당국은 인공지능 알고리즘을 사용해 육아 수당 신청을 검토하고 부정 수급 여부를 판단하고자 했으나, 알고리즘이 인종적 프로파일링을 기반으로 설계되어, 주로 저소득층과 소수 민족 출신의 부모와 보호자들을 부정 수급자로 잘못 판단해서 수만 명의 부모와 보호자들이 부정 수급자로 낙인찍히면서 육아 수당이 중단되어 재정적 어려움을 겪었다. 이 사건은 인공지능의 투명성과 공정성, 그리고 책임성의 중요성을 강조하는 계기가 되었다.

인공지능을 정책 결정에 활용할 경우, 대의 기관의 정책 설계 능력을 강화하기도 하지만 '대리인 문제(Principal-Agent Problem)'가 심화될 위험도 공존한다. 인공지능이 창출하는 수학적으로 최적의 해답은 사회적 합의 형성 과정을 기술적 계산 문제로 전락시킬 수 있으며, 이는 하버마스(J. Habermas)가 지적한 '전문가 지배(Expertocracy)'의 새롭고 위험한 형태로 진화할 수 있다.

인공지능 활용 지침과 통제 강화

많은 국가에서 효율성과 경제성 측면에서 인공지능을

정책 결정 과정에 적극 활용하고 있다. 인공지능을 정부 정책 결정과 공공 서비스 제공에 활용하는 것은 많은 주의가 요구된다. 공공 영역에서의 인공지능 사용은 명확한 가치, 윤리 및 규칙에 따라 관리되어야 한다. 즉 보조적 도구로서의 역할 제한, 투명성 및 설명 가능성 강화, 시민 참여 체계의 마련 등의 노력이 요구된다.

보조적 도구로서의 인공지능

인공지능을 정책 결정의 주체가 아니라 보조적 도구로 활용하면, 전문가의 분석 결과와 시민들의 의견을 통합하는 균형 잡힌 의사 결정이 가능하다. 정부는 인공지능이 제공하는 객관적 데이터를 기본 틀로 삼되, 최종 정책 결정 과정에서는 공청회, 온라인 설문, 참여형 워크숍 등 다양한 시민 참여 채널을 마련해 인간의 경험과 가치 판단을 적극 반영해야 한다.

투명성 및 설명 가능성 강화

정책 결정 과정에서 인공지능의 판단 근거와 알고리즘적 결정을 시민들이 이해할 수 있도록 '설명 가능한 인공지능(Explainable AI)' 기술을 도입해야 한다. 투명한 의사 결정 구조는 시민의 신뢰를 높이고, 향후 발생할 수 있는 알고리즘적 오류나 편향에 대한 외부 감시와 피드백을 용이하게 한다.

시민 의견 수렴과 피드백 시스템 구축

정부 공공 기관의 정책 결정과 서비스 제공에 인공지능을 활용할 때는 디지털 플랫폼과 온라인 포럼, 모바일 애플리케이션 등을 활용해 시민들이 정책 결정 과정에 직접 참여할 수 있도록 하고, 인공지능이 분석한 데이터를 시민들이 쉽게 열람하고 의견을 제시할 수 있는 체계를 구축해야 한다. 나아가 인공지능 학습용 데이터 등에서 개인 데이터에 대한 주체적 통제 권한 강화 노력도 필요하다. 이러한 노력은 정책 집행 후에도 지속적인 평가와 개선을 위한 피드백 루프로 작용해, 민주주의의 기본 가치인 '참여'와 '통제'를 강화할 수 있다.

주요 법 · 제도적 노력

현재 여러 국가와 지역에서 정부 운영 및 정책 결정에서 인공지능의 사용을 규율하는 공식적인 지침을 마련하고 있다. 범위, 구체적인 요건 등은 다양하지만 정부 기능에서 인공지능의 중요성과 유의점에 대한 각국의 인식이 높아지고 있음을 보여 준다.

미국이 2023년 공포한 「안전하고 신뢰할 수 있는 인공지능 개발 및 사용에 관한 행정 명령 제14110호(Executive Order 14110 on Safe, Secure, and Trustworthy Development and Use of Artificial Intelligence)」는 연방 기관의 인공지능 사용에 대한 원칙을 제시하고 있다. 또한 2020년에 제안되고 2023년에 개선된 「자동화된 의사 결정에 관한 지침(Directive on Automated Decision-Making)」은 자동화된 의사 결정 시스템을 연방 기관에서 사용할 때, 투명성, 책임성, 공정성을 보장하기 위한 지침이다. 이 지침은 자동화된 의사 결정 도구를 사용할 때, 투명하고 책임감 있으며, 공정한 의사 결정을 내릴 수 있도록 하는 것을 목표로 하며, 정부 부처에 ① 자동화된 의사 결정 시스템의 영향 평가, ② 사용 현황을 투명하게 공개할 것, ③ 결과물의 품질 보장, ④ 의사 결정에 대한 구제 메커니즘 제공, ⑤ 시스템 효과 및 효율성에 대해 공개적 보고를 요구한다. 또한 2024년 백악관 관리예산국(OMB)은 「인공지능의 책임 있는 도입을 촉진하기 위한 새로운 가이드라인(Advancing the Responsible Acquisition of Artificial Intelligence in Government memorandum)」을 발표하고, 연방 기관의 알고리즘 사용 시 소수 집단 영향 평가와 공개 협의를 의무화하는 등 기술 거버넌스의 새로운 표준을 제시했다.

2023년 캐나다가 「연방 공공 서비스의 생성형 인공지능 사용 가이드(Guide on the use of Generative AI)」를 제정한 것을 비롯해 생성형 인공지능을 정부 업무에 활용하는 것과 관련해 지침을 마련하는 국가들이 늘어나고 있다.

인공지능이 정부 운영과 정책 결정 과정을 지속적으로 변화시키는 가운데, 이러한 제도적 노력은 혁신과 책임, 안전, 윤리적 고려 사항의 균형을 맞추기 위한 노력을 반영한다. 각 국가 또는 지역의 고유한 우선순위와 거버넌스 구조를 반영한 서로 다른 접근 방식을 취하고 있지만 투명성, 책임성, 위험 관리, 인적 감독이라는 공통된 내용이 일관되게 등장하고 있다. 이러한 각종 법률과 지침들은 인공지능 기술이 발전하고 각국 정부가 공공부문에서의 채택을 확대함에 따라 계속 진화하고 있다.

인공지능과 시민 참여

인공지능 기술은 시민 참여의 새로운 메커니즘을 제시한다. 인공지능 기술을 활용해 참여적 플랫폼을 통해 온라인 공공 토론을 구조화하고, 다양한 이해관계자

(stakeholder)의 의견을 종합할 수 있다. 또한 인공지능 기반 정책 시뮬레이션 도구를 통해 시민들은 잠재적 정책 시나리오의 영향을 사전에 직접 탐색하고 이해할 수 있다. 이를 위한 윤리적 고려 사항과 민주적 통제가 필요하다.

제도적 개선 과제

정부와 공공 기관은 인공지능 기반 정책 결정의 투명성을 높이기 위해 관련 법령과 지침을 재정비하고, 인공지능 전문가와 시민 대표가 함께 참여하는 자문 기구 등 다양한 시민 패널 제도를 신설할 필요가 있다. 이를 통해 알고리즘의 편향성과 오류를 지속적으로 모니터링하고 보완하면 더욱 더 시민들이 원하는 정부 정책과 서비스에 다가갈 수 있다.

기술 발전과 윤리적 기준의 동시 추구

인공지능 기술의 급속한 발전에 맞춰 설명 가능성과 투명성을 강화하는 기술적 대안을 모색하는 동시에, 사회적 윤리 기준을 반영한 인공지능 활용 가이드라인을 마련해야 한다. 이는 인공지능이 보조적 도구로서 활용될 때 발생할 수 있는 부작용을 최소화하는 데 중요한 역할을 할 것이다.

인공지능 기반 정책 결정의 윤리적 틀은 다양한 차원에서 논의될 수 있지만, 무엇보다 투명성 원칙과 인간 중심 접근에 유의해야 한다. 투명성 원칙이란 알고리즘의 의사 결정 과정에 대한 완전한 투명성과 설명 가능성을 확보하는 것으로, 정부는 정책 결정 과정과 관련된 정보를 투명하게 제공해 시민들이 정책에 대한 이해를 높일 수 있도록 해야 한다. 이를 통해 시민들은 정책 결정 과정에 대한 신뢰를 높이고, 적극적으로 참여할 수 있다.

인간 중심 접근은 기술 개발과 사용 과정에서 인간의 가치와 필요를 중심에 두고, 윤리적이고 책임감 있게 인공지능을 설계하고 활용해야 함을 의미한다. 인공지능은 보조적 도구로 활용되어야 하며, 최종 의사 결정은 인간의 가치 판단과 윤리적 고려에 기반해야 한다는 것이다.

시민 교육과 참여 확대

시민들이 인공지능 기반 정책 결정에 대해 올바르게 이해하고, 적극적으로 참여할 수 있도록 교육 프로그램과 홍보 캠페인을 강화해야 한다. 정보 접근성과 데이터 활용 능력을 제고함으로써, 시민들이 정책 결정 과정에 더 효과적으로 기여할 수 있는 기반을 마련할 필요가 있다.

인공지능 기반 정책 결정

국가 및 공공 기관이 공공 서비스를 제공하거나 권한을 행사하기 위해 인공지능 시스템을 사용할 때 가장 유의해야 할 점은, 국민이 이 시스템 사용을 거부할 수 있는 선택은 지극히 제한적이라는 것이다. 즉, 국민 개개인의 의사에 따라 사용과 비사용을 일정 정도 선택할 수 있는 민간 서비스와 달리 공공 서비스는 국민의 선택 폭이 매우 제한적이다.

국가 및 공공 기관은 사회 구성원의 요구를 충족시키고 안전, 기본권 및 복지를 보호하기 위해 존재하며, 그러한 서비스 제공과 시민을 보호한다는 약속에 의해 정당화되기에 인공지능의 채택은 이익 중심적인 민간보다 높은 수준의 책임과 투명성을 가져야 한다. 따라서 정부 공공 기관은 인공지능 기반 정책 결정의 가능성과 한계를 검토하고, 인공지능 활용에 대한 시민 참여와 민주적 통제를 강화할 방안을 모색해야 한다.

정부와 공공 기관의 인공지능 기반 정책 결정은 효율성과 신속성을 크게 향상시킬 수 있는 잠재력을 가지고 있는 동시에 기계적 판단에 의한 인간 가치의 배제와 같은 한계점도 존재한다.

이러한 문제를 극복하기 위해서는 인공지능을 보조적 도구로 활용하고, 투명한 의사 결정 구조와 시민 참여 시스템을 강화하는 것이 필수적이다. 향후 정부는 전문가, 시민, 기술자 간의 긴밀한 협력을 통해 인공지능 기술의 활용에 따른 윤리적, 사회적 부작용을 최소화해 민주주의적 통제 메커니즘을 구축해야 할 것이다. 인공지능 기반 정책 결정은 단순한 기술적 혁신을 넘어 민주주의의 근본적인 재구성을 의미한다. 핵심은 기술을 인간의 가치와 참여적 민주주의 원칙에 조화롭게 통합하는 것이다.

참고문헌

DeFranco, J. F. & Biersmith, L.(2024.7.31). Assessing the state of AI Policy. arXiv, https://arxiv.org/abs/2407.21717

Gov.UK.(2016.11.9). Artificial intelligence: an overview for policy-makers. *Government office for science*, https://www.gov.uk/government/publications/artificial-intelligence-an-overview-for-policy-makers

Government of Canada(2020). Treasury board of Canada secretariat. Guide on the scope of the directive on automated decision-making. https://www.canada.ca/en/government/system/digital-government/digital-government-innovations/responsible-use-ai/guide-scope-directive-automated-decision-making.html

Government of Canada(2023). Guide on the use of generative artificial intelligence. https://www.canada.ca/en/government/system/digital-government/digital-government-innovations/responsible-use-ai/guide-use-generative-ai.html

Habermas, Jürgen(1978). *Theorie und praxis*. Suhrkamp Verlag, 홍윤기 옮김(1989). 『이론과 실천』. 종로서적.

Nay, John & Daily, James(2022.6.25). Aligning artificial intelligence with humans through public policy. arXiv, https://arxiv.org/abs/2207.01497

OECD(2021.8.11). Artificial intelligence, machine learning and big data in finance. https://www.oecd.org/en/publications/artificial-intelligence-machine-learning-and-big-data-in-finance_98e761e7-en.html

OECD(2024.6). Governing with artificial intelligence: Are governments ready?. *OECD artificial intelligence papers*, 20, https://www.oecd.org/en/publications/governing-with-artificial-intelligence_26324bc2-en.html

The White House(2025.1.23). Removing barriers to american leadership in artificial intelligence. https://www.whitehouse.gov/presidential-actions/2025/01/removing-barriers-to-american-leadership-in-artificial-intelligence/

07
정치 과정의 위기와 기회

인공지능은 민주주의 정치 과정에 행위자로 참여하면서 인간의 경쟁자로 등장했다. 이는 책임, 평등, 숙의 민주주의라는 현대 민주주의의 기본 원칙을 훼손하고, 권력 역학 관계를 재구성할 위험이 있다. 인공지능은 민주주의 정치 과정에서 효율성과 포용성을 증대시킬 수 있는 한편, 선거 등 민주적 제도의 신뢰를 약화하며, 대의 민주주의의 기본 원칙을 불안정하게 할 위험성이 있다.

AI와 윤동주?

선거와 투표

생성형 인공지능은 진짜와 허위 정치 콘텐츠 사이의 존재론적 경계를 무너뜨려 민주주의 담론의 인식론적 파열을 촉발한다. 딥페이크나 봇은 특히 유권자의 인식에 영향을 미쳐 선거와 투표 과정을 왜곡한다. 인공지능의 불투명성은 민주적 책임성을 훼손한다. 디아코풀로스는 선거 캠페인 도구의 블랙박스 알고리즘(Blackbox algorithm)이 의사 결정 과정을 가려 공적 감시를 어렵게 한다고 주장한다(Diakopoulos, 2019).

선거의 변화

인공지능 기반 선거 캠페인 전략의 효과는 이미 여러 선거에서 입증되었다. 버락 오바마와 도널드 트럼프의 성공적인 대선 캠페인이 유권자에 대한 데이터 분석과 통계 모델링에 의존해 만들어졌다는 연구 결과들도 많다. 이제 선거 캠페인은 정치적 상황의 전개에 즉각적으로 대응할 수 있는 인공지능 도구를 사용해 변화하는 선거 환경에 빠르게 적응할 수 있다.

그러나 인공지능 기술을 활용하는 역량은 첨단 인공지능 시스템 구축에 투자할 자원을 가진 정당에는 상당한 이점을 제공하지만, 그렇지 못한 정당과는 캠페인 효과 면에서 잠재적 격차를 만들어 낼 수 있다.

선거와 허위 정보

생성형 인공지능은 초현실적인 딥페이크 제작을 대중화해 악의적인 행위자가 연설을 조작하고 후보자 이미지를 조작하며 거짓을 대규모로 유포할 수 있게 한다. 2024년 7월 영국 총선에서는 봇으로 보이는 소수의 계정 그룹이 총선이 발표된 이후 6만 개 이상의 트윗을 게시했고, 이러한 트윗은 무려 1억 5천만 회에 달하는 조회수를 기록한 것으로 추산되었다. 또한 2016년 브렉시트 국민투표 기간 러시아 봇의 트윗은 1000만 회 이상 조회되기도 했다(Globalwitness, 2024).

선거에서 봇이 문제가 되는 이유는 봇이라는 사실을 숨기고 대량으로, 빈번하게, 의도적으로, 분열과 증오를 조장하는 정치적 메시지를 퍼뜨리기 때문이다. 봇은 실제 유권자의 목소리를 묻어버리고 대화를 전복시킴으로써 우리의 민주주의를 위협한다. 가짜 계정을 만들고, 특정 주제를 증폭시키도록 프로그래밍하고, 트윗할 수 있는 최소한의 콘텐츠를 제공하는 데는 시간과 비용이 든다. 그러나 생성형 인공지능은 국가 및 비국가 행위자 모두 '고품질의 이미지, 동영상, 오디오 클립 및 메시지를 저렴하고 쉽게' 제작할 수 있어 자원이 풍부한 정치 행위자에게 비대칭적인 이점을 제공한다.

이는 공정하고 투명한 선거라는 민주적 선거의 기본 원칙을 근저에서 흔들 수 있다. 보통, 평등, 비밀, 직접, 주기적 선거와 공정한 경쟁이라는 기본 원칙들은 민주주의 제도의 근본을 형성하며, 국민이 그들의 대표를 선택할 수 있는 권리를 보호하는 것이다.

조작된 미디어는 선거에서 정보에 입각한 동의에 필수적인 '현실 확인' 기능을 약화할 수 있다. 이러한 일련의 사례들은 미디어 문해력이나 정부의 규제 사각지대에서 알고리즘 조작에 대해 현행 선거 시스템이 얼마나 취약한지를 잘 보여준다. 유권자가 인공지능이 만들어 낸 허위 정보와 진짜 정보를 구분할 수 없게 되면 대의 민주주의의 심의 기반은 무너진다.

마이크로타기팅 캠페인과 초개인화된 유권자

인공지능은 소셜 미디어 분석을 통해 유권자를 미세 타기팅하고, 이는 유권자를 초개인화시킨다. 초개인화는 유권자들이 반대 관점에 접근하지 못하게 하고, 기존의 신념을 강화하는 선별된 정보에만 노출되게 함으로써 인식의 파편화를 조장한다. 인공지능이 생성한 캠페인이 증가하면서 국가적으로 중요한 이슈에 대한 진정한 소통과 알고리즘을 통한 설득의 경계가 모호해지고 있다. 인공지능을 활용해 유권자 데이터를 분석하고 선호도를 예측하는 것이 용이해지면서 선거 캠페인 전략도 크게 변화하고 있다. 머신 러닝 알고리즘을 활용하면 개인의 심리적 프로필을 활용해 정치 광고를 맞춤화함으로써 초개인화된 메시징이 가능하다. 정치에서 인공지능의 윤리적 영향은 심각하다. 부올람위니와 게브루(2018)의 연구가 지적한 인종적 편향을 가진 얼굴 인식 기술처럼, 알고리즘 편향은 유권자 타기팅에서 불평등을 고착시킬 수 있다. 2021년 독일 대안당(AfD)이 인공지능으로 유권자 데이터를 수집해 유럽연합의 GDPR(General Data Protection Regulation, 일반 정보 보호 규정)을 위반한 사례는 규제의 허점을 드러냈다(Leese & Braunschweig, 2023).

이러한 결과는 인공지능이 인구 규모에 따라 초개인화 넛징(Hyper-personalized nudging)을 가능하게 한다는 '조작 기계(Manipulation machine)' 가설을 제기한다. 이 가설은 개인의 관심사, 행동, 심리적 특성에 대한 데이터를 사용해 맞춤형 메시지를 생성하고, 이를 통해 사람들의 행동이나 의견을 조작하는 기술을 말한다. 이러한 심리적 마이크로타기팅은 비즈니스와 소비자 영역에서는 합법적으로 사용될 수 있지만, 정치적 맥락에서는 해로울 수 있다. 이는 에코 챔버를 만들고, 기존 편견을 강화하며, 사람들의 감정과 신념을 그들의 지식이나 동의 없이 조작할 수 있기 때문이다.

2024년 미국 하원의원 후보 중 14%가 유권자 참여를 위해 챗봇을 사용했다. 이는 캠페인을 용이하게 하지만, 알고리즘이 정치 담론을 동질화할 위험이 있다. 특히 기존 데이터로 훈련한 인공지능 시스템은 충분한 학습 데이터가 부족한 참신한 제안을 소외시킬 수 있다.

선거구 획정과 유권자

학습 데이터에 내재한 역사적 편견은 유권자의 선거권이나 선거구 획정에 영향을 미칠 수 있다. 미국에서는 예측 치안 알고리즘이 소외된 집단을 불균형적으로 표적으로 삼아 중범죄율이 높아져서 주법에 따라 유권자의 선거권이 박탈되기도 한다. 또한 투표소 위치, 투표 마감일 및 유권자 자격에 대한 허위 정보를 생성·배포해 유권자의 투표를 방해할 수 있다. 나아가 유권자 등록에 대한 대량 이의 제기를 용이하게 해 유권자에게 혼란을 줄 수 있다.

인공지능을 활용하면 유권자 인구 통계, 투표 패턴 및 지리적 정보의 방대한 데이터를 고속으로 정확하게 분석할 수 있다. 이는 보다 공정한 선거구 획정에 사용될 수 있지만, 특정 유권자 집단을 식별하고 그룹화해 게리맨더링(Gerrymandering)을 최적화하고, 조작된 선거구를 감지하고 이의를 제기하기 어렵게 만들 수 있다. 인공지능을 활용한 선거구 재획정 도구는 과거의 투표 패턴을 선거 지도에 코드화해 선거구를 특정 정당이나 후보에게 유리하게 조정하는 게리맨더링을 강화할 수 있다. 이는 공정성과 투명성에 대한 엄격한 기준을 제시하고 감시하지 않으면 인공지능이 민주주의에서 가장 중요한 선거에 어떻게 영향을 미치는지를 잘 보여준다.

입법 과정의 변화

인공지능은 민주주의 정치의 핵심 기구인 의회의 입법, 예산 심의, 행정부 감시와 감독, 의회에서의 정책 토론과 논의, 시민의 참여 기능에 중요한 변화를 초래한다.

인공지능 지원 입법

전 세계 의회는 입법의 복잡성을 관리하고 효율성을 높이기 위해 점점 더 많은 인공지능 시스템을 채택하고 있다. 일반적으로 입법 과정 인공지능의 활용은 다음의 형태로 구분된다.

첫째, 문서 작성의 보조 도구로 이용. 둘째, 정책 영향 및 법적 일관성에 대한 예측 분석에 이용. 셋째, 법안 조항의 자동화된 초안 작성을 통해 인공지능이 의사 결정을 담당하는 것이다. 이러한 도구는 효율성을 증대시키지만, 복잡하고 미묘한 법률안에 대한 해석 권한을 블랙박스 알고리즘에 넘김으로써 의회의 주권을 무력화시킬 위험이 있다.

특히 입법안 작성의 자동화는 입법 효율성과 복잡성에 대한 패러다임의 전환을 의미한다. 아직은 인공지능으로 법률안을 만드는 것은 초기 단계이지만, 현재 많은 국가의 의회에서 법안 영향 평가, 규제 영향 평가, 비용추계 등 많은 인력이 필요했던 업무에 인공지능 활용이 늘고 있다. 이러한 도구는 입법자들이 방대한 정책 데이터세트를 처리할 수 있게 해주지만, 기술 전문가에게 법률안 작성 권한을 넘겨 시민사회와 소수 집단의 의견을 소외시킬 가능성이 있다. 2023년 독일 헌법재판소는 인공지능의 결정이 인간의 판단을 대체할 수 없으며, 법적 결정은 여전히 인간이 내려야 한다는 점을 강조했다 (Federal Constitutional Court, 2023).

알고리즘 기반 로비

입법 로비스트들은 입법의 결과를 시뮬레이션하고, 법률안의 수정안을 작성하고, 법률안에 대한 투표를 예측하는 데 인공지능의 분석 능력을 활용하고 있다. 이들은 방대한 의회 기록을 학습시켜 특정 산업이나 집단에 불균형적으로 혜택을 주는 문구 변경과 같은 '미시적 입법' 로비를 할 수 있다. 이러한 사유화된 형태의 알고리즘 거버넌스는 입법 의제에서 공익과 사익 간의 균형을 왜곡할 위험이 있다.

의회 심의

계류 중인 법안에 대한 국민 의견을 묻는 데 인공지능 기반 감정 분석 도구가 점점 더 많이 사용되고 있으며, 이를 통해 의원들은 유권자의 선호도에 맞춰 표결에 임할 수 있다. 그러나 이러한 알고리즘 해석에 대한 과도한 의존이 정치적 판단을 대체할 수 있다. 또한 많은 의회에서 도입하고 있는 챗봇은 엄청난 양의 입법안들과 입법 절차에 대해 이해하기 쉽게 답변하고 있다. 그러나 한편으로 복잡한 입법안의 내용을 지나치게 단순화한다. 인공지능은 참여에 대한 정보 장벽을 낮추지만, 동시에 복잡한 입법안의 내용을 단순화시키고, 시민의 비판적 정책 분석 능력을 저하할 수 있다.

정당의 변화

인공지능의 등장은 전통적 정당 구조, 선거 전략, 캠페인 기법, 내부 운영 방식을 변화시킨다. 이는 데이터 기반 캠페인 최적화에서 완전히 인공지능으로 작동되는 정치 단체의 출현에 이르기까지 다양하다. 정당은 유권자 타기팅을 강화하고, 내부 의사 결정 과정을 간소화하며, 보다 개인화된 캠페인 전략을 개발하기 위해 인공지능 기술을 빠르게 도입하고 있다.

인공지능은 효율적인 선거 운동과 정치 참여 확대를 위한 기회를 제공하지만, 동시에 선거의 공정성, 정보 조작, 민주적 책임과 관련된 문제를 야기한다. 정당이 인공지능을 점점 더 많이 활용하는 것은 단순한 선거 전략 차원에 그치지 않고 현대 민주주의 시스템에서 정당이 기능하는 방식에 대한 근본적인 재편을 의미한다.

인공지능 시대의 정당의 진화는 정당이 민주주의 시스템에서 핵심적인 대표 기능을 유지하면서 기술 변화를 수용하기 위해 구조, 전략, 이념적 틀을 얼마나 효과적으로 조정할 수 있는지에 따라 달라질 것이다.

정당 정책 결정 과정의 변화

정당은 인공지능을 점점 더 정책 의제 형성과 시민 의견 수렴에 활용하고 있다. 덴마크의 정당 '더 얼터너티브(The Alternative)'는 '마인드 랩(MindLab)' 같은 인공지능 플랫폼으로 시민의 아이디어를 수렴해 참여적 거버넌스를 실험했다. 시민들이 제안한 아이디어는 인공지능과 데이터 분석 기술을 통해 분류되고, 가장 효과적이고 실행할 수 있는 아이디어가 정책으로 채택되었다. 이 과정은 투명성과 협력을 강조하며, 인공지능과 시민 참여를 결합해 정치와 정책 개발의 새로운 가능성을 탐구한 사례로 평가할 수 있다.

또한 정당 내부 역학의 변화에도 영향을 미친다. 인공지능은 당원 참여와 의사 결정 과정을 통해 정당의 내부 운영을 변화시킨다. 스페인 정당 포데모스는 '플라사 포데모스(Plaza Podemos)' 플랫폼을 통해 인공지능으로 당원 의견을 분석하고 투표 경향을 예측하는 시도를 했다(Gerbaudo, 2019).

인공지능은 정당 내부 운영을 변화시키고, 새로운 정당의 정책 결정 시스템을 구축하지만, 다른 한편 기술 엘리트에게 권력이 집중될 위험을 내포한다. 정당의 인공지능 의사 결정 시스템이 지역 당원의 목소리를 소외시킬 수 있다는 경고도 많다.

캠페인 전략의 변화

인공지능 기술의 활용은 정치 캠페인 운영에 혁신을 가져왔다. 인공지능의 가장 두드러진 영향은 데이터 분석과 마이크로타기팅을 활용하는 선거 캠페인에서 나타난다. 선거에서 인공지능 알고리즘은 대량의 데이터를 분석해 유권자를 세분화하고, 맞춤형 메시지를 전달한다. 2016년 미국 선거에서 정치 컨설팅 기업 케임브리지 애널리티카(Cambridge Analytica)가 인공지능을 활용한 심리 프로파일링으로 캠페인에 영향을 미친 사례가 대표적이다(Howard, 2020).

기술적 변화는 정치 캠페인의 근본적인 성격을 바꾸어 놓았으며, 정당은 전통적인 홍보 방법 대신 통계 분석에 크게 의존하는 '데이터 기반 정치 시스템(Data-Driven Political System)'을 구축하고 있다. 인공지능 생성 콘텐츠는 캠페인을 더욱 복잡하게 만든다. 인공지능 기반 캠페인으로의 전환은 정당이 유권자의 특정 관심사와 관점에 맞춰 유권자를 식별하고 타기팅할 수 있도록 하며, 이는 정당과 유권자 간의 관계를 변화시킨다. 즉 유권자 행동을 분석해 그에 맞는 고도로 맞춤화된 캠페인 메시지를 제작할 수 있는 앱을 통해 선거 캠페인을 진행한다. 이러한 도구는 효율성을 높이지만 유권자 조작과 투명성 문제를 야기한다.

인공지능을 통한 정밀 타기팅을 통해 정당은 스윙(부동, 浮動) 유권자를 설득하거나 야당 지지자들의 투표율을 억제하는 데 자원을 집중할 수 있다. 이는 전통적인 캠페인에서 중점을 두는 이념적 호소보다는 기술적 수단을 통해 선거 결과를 재편하는 것을 의미한다. 그러나 이러한 인공지능의 활용은 정당의 대응 능력을 강화하는 동시에 알고리즘 의존도를 높일 위험도 존재한다. 즉 단기적인 선거 캠페인 기간의 특성상 인공지능 기반 여론 분석은 단기적 포퓰리즘적 이슈에 집중될 가능성도 존재한다.

새로운 정치 주체의 출현

인공지능의 발전으로 인공지능 기반의 완전히 새로운 정치 주체도 출현하고 있다. 인공지능과 인간의 공존을 목표로 세워진 덴마크의 합성당(Det Syntetiske Parti)은 최초의 인공지능 기반 정당으로서, 당수는 인공지능 챗봇 레드(Led)다. 1970년 이후 덴마크의 소수 정당 정책을 학습해 정책을 제안한다. 이 당은 인공지능을 활용해 기존 덴마크 정당의 과거 매니페스토를 분석하는 동시에 디스코드(Discord)와 같은 플랫폼을 통해 시민들의 의견을 통합해 일반적으로 선거 참여를 기권하는 약 20%의 덴마크 유권자를 대변하는 것을 목표로 한다.

이러한 인공지능 기반 정당의 출현은 인공지능 시대 정치 조직의 근본적인 재구성을 의미하며, 향후 전통적인 정당 구조의 한계를 뛰어넘는 새로운 정치 대표 및 의사 결정 모델을 제공할 수 있다.

알고리즘 시대의 정치

인공지능이 정치 과정에 활용되면서 정당의 운영, 선거 운동, 유권자 참여 방식이 근본적으로 변화하고 있다. 이는 현대 역사상 민주주의 시스템에 가장 큰 기술적 변화를 불러오고 있다. 정교한 마이크로타기팅과 데이터 분석부터 인공지능 기반 정치 단체의 출현까지, 이러한 발전은 정당 정치의 전술적, 전략적 차원을 모두 재편하는 동시에 정치 조직과 참여에 대한 전통적인 개념에 도전한다.

선거와 캠페인, 그리고 시민의 투표권 등 민주적 정치 과정에 대한 인공지능의 영향에 대한 진지한 논의와 사회적 합의가 필요하다. 허위 정보와 딥페이크 등 조작된 미디어는 선거 과정에 대한 대중의 신뢰를 저해할 수 있다. 허위 정보는 그 자체로 유권자의 인식과 신뢰에 영향을 줄 수 있다. 또한 봇과 극단주의 콘텐츠의 확산은 합법적인 정치 담론을 압도해, 유권자 행동에 영향을 미칠 수 있다.

또한 선거 과정에 미치는 빅테크의 영향력에 대한 우려도 간과할 수 없는 지점이다. 페이스북, 트위터, 마이크로소프트와 구글이 2016년 미국 선거 캠페인의 정치적 소통을 형성하는 데 미치는 영향에 대한 연구에 따르면, 이들 기술 기업의 대표가 캠페인에 대한 준 디지털 컨설턴트 역할을 해 정당의 디지털 전략, 콘텐츠 및 실행을 형성하는 것으로 나타났다(Kreiss & McGregor, 2017). 더 우려되는 것은 선거 캠페인 과정에서의 역할은 선거 기간에 그치지 않고 이후 정치 과정 전반에서 빅테크 기업의 영향력을 확대할 수 있다.

선거 기간 정치 광고 등 인공지능으로 만든 콘텐츠에 대해서는 알고리즘 투명성을 의무화해 인공지능이 생성한 콘텐츠와 데이터 출처를 공개하도록 해야 한다. 이를 위해서는 선거에 영향을 미치는 딥페이크와 봇에 대한 규제가 요구된다. 유럽연합이 「인공지능법」에서 선거를 고위험 영역으로 규정한 것은 의미가 있다. 그러나 실제 집행 메커니즘이 미흡한 것은 한계이다. 또한 유권자 등록이나 선거인 명부 관리에 사용되는 인공지능 시스템의 편향을 방지하기 위해 철저한 감독과 검증이 필요하다.

참고문헌

Federal Constitutional Court(2023.2.16). Judgment of 16 February 2023. https://www.bundesverfassungsgericht.de/SharedDocs/Entscheidungen/EN/2023/02/rs20230216_1bvr154719en.html

Diakopoulos, Nicholas(2019). *Automating the news: How algorithms are rewriting the media*. Harvard University Press.

Gerbaudo, Paolo(2019). *The digital party*. Pluto Press.

Global Witness(2024.7.2). Investigation reveals content posted by bot-like accounts on X has been seen 150 million times ahead of the UK elections. https://globalwitness.org/en/campaigns/digital-threats/investigation-reveals-content-posted-by-bot-like-accounts-on-x-has-been-seen-150-million-times-ahead-of-the-uk-elections/

Howard, P. N.(2020). *Lie machines*. Yale University Press.

Kreiss, Daniel & Mcgregor, Shannon C.(2017.10.26). Technology firms shape political communication: The work of Microsoft, Facebook, Twitter, and Google with campaigns during the 2016 U.S. presidential cycle. *Political communication*, 35(2), pp.1-23, https://www.tandfonline.com/doi/full/10.1080/10584609.2017.1364814

Simchon, Almog. et al.(2024.1.29). The persuasive effects of political microtargeting in the age of generative artificial intelligence, *PNAS Nexus*, 3(2), https://academic.oup.com/pnasnexus/article/3/2/pgae035/7591134

Zuiderveen Borgesius, Frederik J. et al.(2018.2.9). Online political microtargeting: Promises and threats for democracy, *Utrecht law review*, https://utrechtlawreview.org/articles/10.18352/ulr.420

08
빅테크와 투명성

빅테크는 선출되지 않은 새로운 권력으로 부상했지만 그 불투명성은 민주주의를 위협한다. 인공지능 기업의 투명성 부족은 여러 연구에서 지적되고 있다. 데이터, 알고리즘, 콘텐츠, 환경 및 노동 영역의 투명성 강화가 필요하다. 한국의 「인공지능 기본법」은 투명성의 범위가 명확하지 않으며, 실효성 측면에서도 개선이 필요하다. 투명성 확보는 인공지능에 대한 사회적 신뢰와 민주주의를 강화하기 위한 필수적 조건이다.

AI와 한의학?

새로운 권력의 출현

과거 외부의 적이나 권위주의 체제로 인한 민주주의에 대한 위협은 이제 선출되지 않은 빅테크에 권력을 부여하면서 발생하고 있다. 빅테크는 단순한 기업이 아니다. 일반 시민들과 동등한 수준의 정책 이해관계자도 아니다. 바야흐로 정보의 흐름, 여론 형성, 심지어 공공 정책 결정에까지 막대한 영향력을 행사할 수 있는 존재가 되었다.

기술의 눈부신 발전이 우리 민주주의에 미치는 영향을 고려하지 않으면, 빅테크 기업들의 천문학적 수준의 투자금 소식은 우리의 시야를 좁게 하고 판단력을 흐리게 만들 위험이 있다. 민주주의의 근간인 투명성, 책임성, 공정성의 원칙은 현 단계에서는 기업의 법적 의무가 아니기 때문에 지켜지지 않는 경우가 부지기수다. 오히려 기업은 영업 비밀을 내세워 이를 외면해 왔다.

현대 사회에서 인공지능 기술은 점차 더 많은 의사 결정 과정에 관여하고 있다. 얼굴 인식 시스템에서부터 대규모 언어 모델에 이르기까지, 인공지능은 개인의 삶과 사회에 광범위한 영향을 미치고 있다. 그러나 이러한 기술이 어떻게 결정을 내리는지, 그리고 그 결정이 어떤 데이터와 알고리즘에 기반하는지에 대한 투명성이 심각하게 부족하다.

투명성의 위기

민주주의에서 투명성은 이상이 아니라 반드시 구현되어야 하는 원칙이다. 그리고 투명성의 원칙은 성공적인 인공지능의 책임성을 위해서도 필수적이다.

빅테크는 입으로는 투명성을 강조하지만, 실제로는 시스템 작동 방식과 데이터 수집 및 활용, 알고리즘 설계에 관한 정보를 철저히 감추고 있다. 스탠퍼드, MIT, 프린스턴 대학교의 '파운데이션 모델 투명성 지수(Foundation Model Transparency Index)' 연구 결과는 빅테크 기업들의 심각한 불투명성을 보여 주어 충격을 준 바 있다. 이 보고서는 2023년 10월 발표된 이후, 2024년 업데이트되었지만 그동안 기업의 투명성 제고 노력에도 불구하고 지금도 상당히 불투명하다는 점을 보여 주고 있다.

2023년 발표 당시, 10개 주요 인공지능 개발사를 평가한 결과 투명성 측면에서 100점 만점에 평균 37점의 낙제점을 받았다. 가장 높은 점수를 받은 메타조차도 54점에 그쳤다. 오픈에이아이도 회사 이름에 '오픈'이 들어가 있음에도 48점밖에 되지 않았다.

6개월 후, 후속 연구에서 연구 참여에 동의한 14개 인공지능 개발사를 평가했다(Adept, AI21 Labs, Aleph Alpha, Amazon, Anthropic, BigCode/Hugging Face/ServiceNow, Google, IBM, Meta, Microsoft, Mistral, OpenAI, Stability AI, Writer). 연구진은 기업에 투명성 지표에 대한 정보를 선제적으로 공개해 달라고 요청했다. 이에 따라 2023년 연구에서는 공개되지 않은 정보도 포함되어 점수가 대폭 증가했음에도 여전히 불투명한 요소들 덕분에 평균 58점에 그쳤다. 데이터 관련 정보(저작권, 라이선스, 개인 식별 정보 PII), 기업의 안전장치(위험 완화 평가, Mitigation Assessment), 기반 모델의 하류 평가(Downstream Impact: 모델을 어떻게 사용하는지, 특정 지역에서 얼마나 많은 사람들이 모델을 사용하는지)와 같은 영역은 상당히 불투명한 상태로 남아 있다. 오픈에이아이는 2024년에도 투명성 지수가 49점으로, 2023년과 큰 변화가 없었다.

브래드 스미스(Brad Smith) 마이크로소프트 사장(2021년 부회장)은 2023년 5월 워싱턴의 한 강연에서 인공지능 공공 거버넌스를 위한 5가지 계획을 제시했다. 그중 하나가 '투명성을 촉진하고 학계 및 비영리 기관의 인공지능 접근성을 보장하는 것'이었다. 마이크로소프트는 투명성과 관련해, ① 연례 투명성 보고서 발표, ② 고위험 인공지능 시스템의 국가등록부 개발 지원, ③ 인공지능 시스템 상호작용 시 이용자에게 알림 지원, ④ 인공지능 생성 콘텐츠에 라벨 부착 등을 약속했다. 그러나 지금까지도 마이크로소프트의 주요 시스템이 어떤 데이터로 학습되는지, 저작권 있는 자료들에 얼마나 의존했는지, 어떤 편향이 있는지에 관한 정보는 공개되지 않고 있다.

투명성 강화

투명성 문제의 현황과 심각성을 분석하고 그 해결 방안을 모색하는 방법에 대해서는 여러 논의가 진행되고 있다.

투명성 부족 문제

인공지능 개발에서 투명성 부족은 심각한 문제로 지적되고 있다. 훈련에 사용된 데이터의 출처와 내용이 공개되지 않아 어떤 편향이나 저작권 침해가 발생하는지 알 수 없다는 점이 특히 우려된다.

또한 인공지능 시스템의 의사 결정 과정을 설명하지 않는 알고리즘 불투명성도 중요한 문제로 언급되고 있다. 자율주행 자동차나 대출 거부 결정 시 그 근거를 알 수 없어 책임성 문제가 제기될 가능성이 크다.

딥페이크 등 인공지능 생성 콘텐츠가 범람하는 상황에서 콘텐츠의 진위를 판단하기 어려운 문제도 투명성과 연계된다. 또한, 눈에는 보이지 않지만 인공지능 시스템 개발과 운영의 환경에 미치는 영향, 학습 데이터에 라벨을 붙이는 근로자의 노동 조건 역시 불투명한 상태이다.

이러한 인공지능 기술기업의 불투명성은 개인의 삶에 예측할 수 없는 부정적인 영향을 미쳐, 민주주의에도 심각한 우려를 초래할 수 있다. 따라서 기술 발전과 민주주의 사이에서 균형을 잡기 위해서는 투명성 확보가 첫 번째 단계가 되어야 한다.

데이터 투명성

기업 자체적인 노력만으로는 충분한 투명성 확보가 어려울 수 있어 법제화를 고려할 필요가 있다. 데이터 명세(Data Specification) 의무화는 그러한 방법의 하나가 될 수 있다. 이와 관련해, MIT 미디어 랩(MIT Media Lab)과 하버드 버크만 클라인 센터(Berkman Klein Center for Internet & Society) 연구자들이 제안한 '데이터 영양 라벨' 개념이 주목받고 있다. 이는 식품 포장의 영양 성분표처럼 인공지능 시스템이나 데이터세트에 대한 중요 정보를 표준화된 형식으로 제공하는 방법으로, 훈련 데이터의 출처, 범위, 잠재적 편향 등을 공개하는 프로젝트가 현재 진행 중이다.

알고리즘 투명성

중요 의사 결정에 관여하는 인공지능 알고리즘은 그 결정 과정이 설명될 수 있어야 한다. 블랙박스 인공지능이 공공 영역에서 중요 결정에 사용되어서는 안 된다. 특히 헌법상 권리나, 기본권에 영향을 미치는 결정에는 투명하고 검증할 수 있는 알고리즘만이 허용되어야 한다. 즉, 인공지능 알고리즘 영향 평가, 중요 의사 결정 알고리즘에 대한 독립적 감독 체계, 설명을 요구할 권리 등이 필요하다.

콘텐츠 투명성

인공지능이 생성한 콘텐츠는 그 출처를 명확히 표시하는 것이 의무화되어야 하며, 인공지능이 인간인 것처럼 행동하거나 가장하는 행위는 금지되어야 한다. 미 연방거래위원회도 인공지능과 당신의 비즈니스(AI and

Your Business) 시리즈에서 소비자가 실제 사람과 대화하는지 기계와 대화하는지 명확히 알 수 있어야 한다고 지적한 바 있다. 의인화(Anthropomorphism)의 효과로 인해 챗봇이 개인 대명사나 이모티콘을 사용하도록 설계되었을 때, 소비자는 자신을 이해하고 자신의 편에 있는 무언가와 대화하고 있다고 쉽게 오해할 수 있고, 이에 따라 불공정하게 또는 기만적인 방식으로 활용되어 해가 되는 결정으로 유도할 수 있기 때문이다.

환경 및 노동 영향 투명성

환경 및 노동 영향 역시 여전히 불투명하다. 미 상원의원 에드워드 마키와 마틴 하인리히, 미 하원의원 애나 에쇼와 돈 베이어는 2024년 「인공지능 환경 영향법(Artificial Intelligence Environmental Impacts Act of 2024)」을 공동 발의했다(Markey, 2024).

이 법안은 ① 환경보호청(EPA, Environmental Protect Agency)은 2년 내 인공지능의 환경적 영향에 대한 포괄적인 연구를 수행할 것, ② 국립표준기술연구소(NIST)가 인공지능의 환경 영향을 위한 측정 요구 사항과 표준을 정하기 위한 이해관계자 컨소시엄을 구성할 것, ③ 국립표준기술연구소는 인공지능을 개발하거나 운영하는 기관이 인공지능의 환경적 영향 전 범위를 자발적으로 보고할 수 있는 시스템을 개발할 것, ④ 4년 이내에 환경보호청, 에너지부, 국립표준기술연구소가 컨소시엄 발견 사항, 자발적 보고 시스템을 설명하고, 추가 입법 및 행정 조치에 대한 권장 사항을 제공하는 공동 보고서를 의회에 제출할 것 등의 내용을 담고 있다. 위 법안에 대해 전자 프라이버시 정보 센터(EPIC), 미 그린피스, 액세스 나우(Access Now) 등 다수의 미국 시민 사회단체는 환영의 의사를 표명했다.

빅테크와 투명성

케이트 크로포드(Kate Crawford)는 '대규모 인공지능을 구축하는 데 필요한 자본과 최적화하는 방식 때문에 인공지능 시스템은 결국 기존의 지배적인 이익을 위해 설계되고, 그런 의미에서 인공지능은 권력의 기록부'(2021)라고 평한 바 있다. 인공지능은 인류에게 전례 없는 가능성을 제시하고 있지만, 빅테크의 권력 집중과 불투명한 운영은 누구를 위해 자동화된 의사 결정 과정과 가능성이 최적화되어 있는지 검토해야 한다. 그렇지 않다면 결국 소수 엘리트에게 사회의 중요 결정권을 넘겨주는 결과를 초래할 수 있다.

전 세계적으로 인공지능 투명성 요구가 높아지는 것은 이러한 민주주의적 위협에 대한 공감 때문이다. 한국은 2026년 1월 22일 시행을 앞둔 「인공지능 발전과 신뢰기반 조성 등에 관한 기본법(이하 「인공지능 기본법」)」을 제정했다. 법률은 투명성에 대해 제31조에서 "고영향 인공지능 또는 생성형 인공지능을 이용한 제품 또는 서비스를 제공하는 인공지능 사업자는 해당 사실을 이용자에게 사전에 고지해야 하고(1항), 생성형 인공지능 또는 이를 이용한 제품 또는 서비스를 제공하는 경우 그 결과물이 생성형 인공지능에 의해 생성되었다는 사실을 표시해야 하며(2항), 인공지능 시스템을 이용해 실제와 구분하기 어려운 가상의 결과물을 제공하는 경우 그 사실을 이용자가 명확하게 알 수 있도록 고지 또는 표시해야 함(3항)"을 규정하고 있다. 다만, 이 규정도 국방 또는 국가 안보 목적에 대해서는 광범위한 예외를 규정하고 있고, 위와 같은 규정에 대해 제31조 제1항을 제외하고는 이를 강제할 수단이 존재하지 아니해 시민 사회에서는 그 실효성에 대한 우려가 크다.

투명성 확보를 위한 노력은 인공지능 발전을 저해하는 것이 아니라, 인공지능에 대한 사회적 신뢰를 구축하고, 민주주의의 투명성과 책임성을 강화할 수 있다. 기업의 선의에 거댄 「인공지능 기본법」은 현재 및 미래의 문제를 해결하기에 적합하지 않다. 지금이라도 인공지능의 신뢰 기반 조성이라는 이 법률의 목적을 달성하기 위해서는 '고영향'에 대한 구체적 정의를 비롯해 실질적인 규정들이 구체화해야 할 필요가 크다.

민주주의는 권력의 투명한 행사와 견제, 균형의 원칙에 기반한다. 인공지능을 주도하는 국가와 기업은 전통적인 권력의 구조를 변화시키고 있다. 인류는 이제 빅테크에게 중요한 질문을 하고, 그에 대한 충분한 답을 들어야 한다. 인공지능이란 무엇인가? 인공지능은 어떻게 형성되고 현재 정치권력에 어떤 영향을 주고 있는가? 누구의 이익을 위해 설계되었으며 여기에서 발생하는 해악은 무엇인가?

인공지능 시대에 투명성의 원칙은 더 중요해졌다. 부주의하게 개발된 인공지능으로 민주주의의 후퇴가 이루어지지 않도록 투명성의 원칙은 더 강조되어도 부족하지 않다.

참고문헌

국가법령정보센터(2023.1.22), 「인공지능 발전과 신뢰 기반 조성 등에 관한 기본법」. 2026.1.22. 시행, 법률 제20676호,

2025.1.21 제정,
https://www.law.go.kr/LSW/lsInfoP.do?lsiSeq=268543&viewCls=lsRvsDocInfoR#

Atleson, Michael(2023). The luring test: AI and the engineering of consumer trust. FTC,
https://wp.nyu.edu/compliance_enforcement/2024/04/17/the-luring-test-ai-and-the-engineering-of-consumer-rust/

Bommasani, Rishi et al.(2023). The 2023 foundation model transparency index. arXiv:2310.12941,
https://arxiv.org/abs/2310.12941

Crawford, Kate(2021). *Atlas of ai: Power, politics, and the planetary costs of artificial intelligence*. Yale University Press.

Data Nutrition Project(2023). Empowering data scientists and policymakers with practical tools to improve AI outcomes.
https://datanutrition.org/

EPTA(2024.10). Artificial intelligence and democracy.
https://eptanetwork.org/database/policy-briefs-reports/2894-artificial-intelligence-and-democracy-epta

Hardinges, Jack et al.(2023). We must fix the lack of transparency around the data used to train foundation models. *Harvard data science review*,
https://hdsr.mitpress.mit.edu/pub/xau9dza3/release/2

Heath, Ryan(2023.10.24). AI developers are failing on transparency. new index shows. Axios,
https://www.axios.com/2023/10/24/ai-open-transparency-report

Hoven, Jeroen van den et al.(2024). Democracy in the digital age. HAL Open science,
https://shs.hal.science/halshs-04844505v1/file/Democracy

_in_the_Digital_Age.pdf
Markey, Ed.(2024.2.1). Markey, Heinrich, Eshoo, Beyer introduce legislation to investigate, measure environmental impacts of artificial intelligence. https://www.markey.senate.gov/news/press-releases/markey-heinrich-eshoo-beyer-introduce-legislation-to-investigate-measure-environmental-impacts-of-artificial-intelligence
Microsoft(2023), A blueprint for the future.
Naughton, John(2023.8.19). The world has a big appetite for AI—but we really need to know the ingredients. *The Guardian*, https://www.theguardian.com/commentisfree/2023/aug/19/the-world-has-a-big-appetite-for-ai-but-we-really-need-to-know-the-ingredients
OECD(2024.6). Governing with artificial intelligence: Are governments ready?. https://www.oecd.org/content/dam/oecd/en/publications/reports/2024/06/governing-with-artificial-intelligence_f0e316f5/26324bc2-en.pdf

09
윤리와 책임

실리콘 밸리의 빅테크는 「통신 품위법」를 근거로 그간 법적 책임에서 면제됐으나, 인공지능의 등장으로 책임 문제가 복잡해졌다. 유럽연합은 「제품 책임 지침」을 통해 책임성 강화를 위한 법적 근거를 마련하고 있으며, 미국은 「통신 품위법」 개정 필요성이 주요 쟁점으로 논의되고 있다. 인공지능 기업에 대한 명확한 책임 메커니즘이 필요하며, 이는 기술적 측면뿐 아니라 사회적, 윤리적, 문화적 차원에서 구체적으로 고려되어야 한다.

AI와 화장품?

기술과 책임의 단절

민주주의는 책임성에 기반한다. 유권자는 투표를 통해 정치인에게, 소비자는 선택권의 행사를 통해 기업에게 책임을 물을 수 있다. 인공지능의 급속한 성장은 책임을 어떻게 물어야 하는지 의문을 제기하고 있다.

디지털 플랫폼과 인공지능 시스템이 개인의 일상을 지배하고 있고, 정보, 상품, 서비스뿐만 아니라 우리의 사회적 상호작용까지 중재하고 있다. 이러한 영향력에도 불구하고, 현행 법 체계의 불명확성과 한계로 인해 빅테크는 적절한 수준의 법적 책임에서 면제됐다.

실리콘 밸리의 기술 기업들은 오랫동안 책임에서 특별히 보호받는 위치에 있었다. 특히 1996년 「통신 품위법(Communications Decency Act)」 제230조의 영향이 컸다. 인터넷 플랫폼 회사는 자사 플랫폼에 게시된 타인의 콘텐츠에 대한 법적 책임에서 면제된다고 규정한 이 조항은 원래 정보를 전달하는 인터넷 서비스 제공업체(ISP)를 보호하기 위해 만들어졌으나, 오늘날 알고리즘을 통해 콘텐츠를 선별하고 유통하는 플랫폼에까지 확대 적용되고 있다.

「통신 품위법」의 책임 면제 조항은 인터넷상 표현의 자유를 보호하는 가장 중요한 법률로 평가되고 있지만,

동시에 허위 정보, 선거의 공정성, 아동 안전 침해, 사회적 양극화, 딥페이크로 생성한 성적 콘텐츠 등 여러 사회적 문제에 대한 책임을 추궁하기 어렵게 하는 원인으로도 평가된다. 이제 인공지능의 등장으로 이 면책 조항을 인공지능 기업에까지 적용할 수 있는지에 대한 논란으로 확대되고 있다.

인공지능 회사의 의무

연방통신위원회 전 위원장 톰 휠러(Tom Wheeler)가 2023년 『테클래시(Techlash: Who Makes the Rules in the Digital Gilded Age?)』에서 언급한 '관리 의무(Duty of Care)' 원칙은 인공지능 시대에 빅테크에 필요한 책임 원리로서 고려될 수 있다. "상품이나 서비스 제공자는 발생할 수 있는 잠재적 해악을 예상하고 완화할 의무가 있다"는 것이다. 말하자면, 증기 기관차가 농지를 지나가면서 뜨거운 재를 날려 건초 더미와 헛간, 집에 화재를 유발했을 때, 과실 책임에 따라 철도 회사가 굴뚝에 망을 설치했던 것처럼, 오늘날에도 '회사가 해로운 영향을 예상하고 완화하기 위해 무엇을 했는지' 검토하는 규칙을 만들 수 있다.

마이크로소프트의 무료 텍스트-이미지 생성 인공지

능 프로그램을 통해 유명 여가수의 딥페이크 포르노가 유통된 사례는, 기업이 자사 도구의 오용 또는 해로운 영향을 예상하고 이를 완화하기 위한 충분한 조치를 취하고 있는지에 대한 의문을 던졌다. 기업은 인공지능의 문제점으로 인식되는 딥페이크 생성, 환각 정보 전파, 개인정보 침해 등에 대해 해로운 영향을 예상하고 그에 상응하는 조치를 취함으로써 책임성을 실현할 수 있다.

빅테크가 부정적인 외부 효과에 대해 충분한 책임을 지지 않아도 된다면, 이를 해결하는 데 필요한 투자를 하지 않을 가능성이 크다. 낮은 수준의 벌금은 근본적인 해결책이 되지 않는다,

유럽연합은 2023년 12월 「제품 책임 지침(Liability for Defective Products Directive)」 개정안을 통해 결함 있는 제품으로 인한 손해배상에 대해 제조업체에 책임을 물을 수 있는 명확한 법적 근거를 만들었다. 이 지침은 증거 공개 의무와 소비자를 위한 입증 책임 단순화를 포함해, 기술적으로 복잡한 제품에 대해 손해배상 청구를 쉽게 함으로써 개인을 보호하려는 목적을 가지고 있다.

반면, 미국은 연방거래위원회가 집행하는 법률에서 '불공정하거나 기만적인 관행'을 금지하고 있을 뿐 인공지능을 직접적으로 다루거나 명확하게 다룬 구체적인

법률이 없다. 오히려 인공지능 회사는 자사의 책임 회피에 「통신 품위법」 제230조의 면책 규정을 활용할 가능성이 있다. 「통신 품위법」은 인공지능 시대 이전에 제정된 법으로, 관련 사례에 적용된 판결이 없다. 사법적 선례를 중시하는 미국의 법적 시스템에서 전반적인 상황은 불분명하다.

2024년 1월 31일 미 상원 법사위원회(Senate Committee on Judiciary)는 빅테크와 온라인 아동 성착취 위기(Big Tech and the Online Child Sexual Exploitation Crisis)를 주제로 청문회를 개최했다. 이 청문회에서 민주당 상원의원 딕 더빈과 공화당 상원의원 린지 그레이엄은 초당적으로 「통신 품위법」 제230조의 면책 규정의 문제점을 지적했다. 딕 더빈 의원은 "지난 30년 동안 「통신 품위법」 제230조는 크게 변하지 않아 빅테크가 위험한 관행에 대한 책임을 두려워하지 않으면서도 자본주의 역사상 가장 수익성 높은 산업으로 성장할 수 있었다"라고 비판했다. 린지 그레이엄 의원도 "우리는 전 세계의 역사상 가장 수익성이 높고, 가장 큰 회사를 다룰 규제 기관조차 없는 2024년의 미국에 살고 있다. 회사는 고소당할 수도 없고, 법전에는 미국 소비자를 보호하는 의미 있는 법이 하나도 없다"라고 한탄하며, 이제 「통신 품위법」 제230조를 폐지해야 할 때라고 강조했다. 그가 페이스북의 창업자 마크 저커버그에게 '인스타그램을 이용한 성 착취로 갈취당하고, 자살한 청소년의 가족'에 대해 질문하자, 저커버그는 "피해자 가족이 우리를 고소할 수 있다고 생각한다"라고 답했다. 그러나 「통신 품위법」 제230조의 면책 규정이 있는 한 미국에서 이러한 고소는 가능하지 않다.

책임의 범위

인공지능 기업에 법적 책임을 어떻게 부여할 것인가는 여전히 모호한 부분이 있다.

매사추세츠 공과대학교(MIT)는 2023년 인공지능 정책 브리프에서 인공지능과 관련한 현재의 규제 및 법적 체제가 적용되는지는 불분명하다고 진단했다. 이러한 상황에서 위험한 시스템의 출시와 사용을 억제할 수도, 사전에 문제를 발견해 이를 공개하거나 해결할 유인책도 없으며, 문제가 발생해도 그에 상응하는 구제책이 없는 상황이다.

이 보고서는 '토스터에 포크를 넣는 행위'를 비유로 들어 인공지능 서비스 제공자의 설명 의무와 책임을 설명했다. 즉, 인공지능 서비스 제공자는 서비스의 적절한 사용에 대해 설명해야 하고, 다른 용도에 대한 최선의 실행 가드레일이 있어야 하며, 제공자의 법적 책임을 명확하게 정의해 널리 이해되어야 한다고 했다. 즉, 토스터의 특성도, 전기의 위험도 널리 알려지지 않았다면, 토스터에 포크를 넣어도 사용자가 책임지지 않는다는 것이다. '알려진 사실'의 범위는 변경될 가능성은 있지만, 현재 대부분의 경우, 인공지능 시스템 제공자는 사용자가 사용에 무책임했다는 점, 제공자가 예측하거나 방지할 수 없었다는 것을 입증하지 않는 한, 인공지능 사용으로 발생하는 문제에 책임이 있다고 해석되어야 할 것이다. 특히 범용 인공지능과 관련해 "인공지능 제공자가 합리적으로 예측할 수 있었지만 가드레일로 방지하거나 사용자에게 충분한 경고나 지침을 제공하지 않은 사용으로 발생하는 문제에 대해 더 엄격한 책임을 부과할 수 있다"라는 점을 지적하고, 사용자가 읽을 가능성이 낮은 작은 글씨의 설명은 적절하지 않다고 경고하고 있다. 우리나라도 홈플러스 깨알 고지 사건(대법원 2017. 4. 7. 선고 2016도13263)에서 한글 4포인트(약 1mm) 크기로 고지한 경우 소비자가 그 내용을 읽기 쉽지 않다고 판단한 바 있다.

물론, 자동차 제조업체가 그들의 차량을 이용한 모든

범죄에 책임을 질 수 없듯이, 인공지능 회사에도 합리적인 책임 한계가 설정되어야 할 필요가 있다. 사용자의 명백한 오용과 제조업체의 예측 가능한 위험 사이의 균형을 정할 필요가 있다. 하지만, 인공지능 회사가 현재 제공하는 "인공지능은 실수를 할 수 있습니다" 또는 "실수가 있는지 확인해 주세요"라는 간단한 경고문만으로는 환각, 편향 등의 복잡한 문제를 알렸다고 보기 어렵다.

윤리와 책임

현재 인공지능의 법적 책임은 불분명하고 모호하다. 앞으로 인공지능 시스템에 대해서는 더 명확한 책임 메커니즘이 필요하다. 이는 안전한 서비스를 개발하도록 할 뿐만 아니라, 더 많은 서비스와 연구를 불법의 우려 없이 장려할 수 있다는 측면에서도 그렇다.

인공지능 책임성은 기술적 측면과 함께 사회적, 윤리적, 문화적 차원에서도 고려되어야 한다. 마두미타 무르지아(Madhumita Murgia, 2024)는 챗지피티와 같은 기술이 직장에서의 업무, 아이들의 교육 환경, 창의성에 미치는 영향뿐만 아니라, 의료, 경찰 활동, 공공복지, 군사 전쟁과 같은 우리 사회의 온갖 영역에 파급 효과와 지속적인 사회적 변화를 만들어 내고, 그것이 바로 인간의 경험 자체를 변화시키고 있다고 지적했다. 인공지능의 법적 책임을 검토하는 데 기술 전문가뿐만 아니라 사회과학자, 윤리학자, 정책 전문가, 그리고 일반 시민들의 협업이 필수적인 이유다. 민주주의 사회에서 기술 기업이라고 해서 특별히 예외나 특혜가 될 수 없음에도, 현재로서는 애매한 법 체계를 악용하고 있다. 그 사회적 영향력을 고려한다면 책임성의 범위를 명확히 설정해야 한다. 2023년도 여론조사에 따르면, 미국 유권자의 73%는 "인공지능 기업이 초래한 피해에 대해 법적 책임을 져야 한다"라고 응답했고, 64%는 정부가 인공지능을 감독할 조직을 만드는 것을 지지했다.

기술 기업 역시 민주 사회의 구성원으로 그 행동에 대한 책임을 져야 한다. 인공지능이 점점 더 우리 삶에 깊이 관여하고 영향력을 확장하고 있다는 점을 고려해, 개발자와 배포자가 충분한 안전장치를 마련하고, 발생할 수 있는 해악에 대해 필요한 책임을 지도록 하는 법적 체계가 필요하다.

현실은 빅테크의 권력과 로비를 뚫어야 하는 지난한 여정이 예상된다. 디지털 시대의 새로운 기술적 현실을 반영하는 책임 메커니즘을 구축하기 위해서는 기업에 의존적인 권력 구조에 대항하는 시민들의 역량과 노력이 필요한 이유다. 이제 인공지능 제작자들은 자동화와 의사 결정 과정에서 인간의 자율성과 개입이 축소됨으로써 발생할 수 있는 해악에 대해 명확한 책임을 요구해야 한다. 우리가 인간으로서 살아가는 삶과 경험을 빅테크 기업의 변덕과 단독적 판단에 맡길 수 없다.

참고문헌

AI Policy Institute(2023). Overwhelming majority of voters believe tech companies should be liable for harm caused by ai models, favor reducing ai proliferation and law requiring political ad disclose use of ai. https://theaipi.org/poll-shows-voters-oppose-open-sourcing-ai-models-support-regulatory-representation-on-boards-and-say-ai-risks-outweigh-benefits-2/

Afroze, Romana(2025.3.3). Reappraisal of section 230 CDA for tackling unethical corporate use of artificial intelligence: Did congress surpass its time to handle intermediaries?, https://papers.ssrn.com/sol3/papers.cfm?abstract_id=5163136

Cheong, Ben Chester(2024.7.3). Transparency and accountability in ai systems: Safeguarding wellbeing in the age of algorithmic decision-making. *Frontiers in human dynamics*, https://www.frontiersin.org/journals/human-dynamics/articles/10.3389/fhumd.2024.1421273/full

EFF(Electronic Frontier Foundation). Section 230: Key legal cases, https://www.eff.org/issues/cda230/legal

Hendrix, Justin et al.(2024.2.1). Transcript: US senate judiciary committee hearing on "Big tech and the online child sexual exploitation crisis". Tech policy press, https://www.techpolicy.press/transcript-us-senate-judiciary-committee-hearing-on-big-tech-and-the-online-child-sexual-exploitation-crisis/

Hohma, Ellen(2023). A practical organizational framework for ai accountability. https://futurium.ec.europa.eu/en/european-ai-alliance/best-practices/practical-organizational-framework-ai-accountability

Huttenlocher, Dan et al.(2023.11.28). A framework for U.S. ai governance : Creating a safe and thriving ai sector. https://computing.mit.edu/wp-content/uploads/2023/11/AIPolicyBrief.pdf

Maiberg, Emanuel & Cole, Samantha(2024.1.25). AI-generated Taylor Swift porn went viral on twitter. Here's how it got there. https://www.404media.co/ai-generated-taylor-swift-porn-twitter/

McCabe, David(2024.8.22). How a law that shields big tech is now being used against it. *New York Times*, https://www.benton.org/headlines/how-law-shields-big-tech-now-being-used-against-it

Murgia, Madhumita(2024), *Code dependent: Living in the shadow of ai.* Henry Holt and Co.

Wheeler, Tom(2023). *Techlash - who makes the rules in the digital gilded age?.* Rowman & Littlefield.

Wikipeida. Section 230.

https://en.wikipedia.org/wiki/Section_230

10
인공지능과 민주주의 회복의 길

인공지능이 민주주의에 미치는 영향은 챗봇이나 생성형 인공지능의 공간 내에서만 존재하는 가상의 단편적 위협이 아니다. 전 세계적으로 현실에 직접적인 영향을 미치고 있는 현재 진행형 위협이다. 인공지능은 민주주의를 불안정하게 하기도, 활성화하기도 하며, 민주주의의 파괴자이자 조력자로서의 이중적인 역할을 할 수 있다. 그러나 인공지능의 도입기에 목도하는 민주주의의 현실은 매우 디스토피아적이다. 인공지능의 새로운 도전에 대해 인류는 아직 답을 찾지 못하고 있다.

종교와 AI?

기술 혁신과 민주적 적응

인쇄술에서 아날로그 통신 기술로, 이후 인공지능 시스템으로의 진화는 정보 생태계를 근본적으로 변화시켰다. 인쇄술이 지식 접근을 민주화하고, 인터넷이 시공간의 제약을 넘어서게 했다면, 이제 인공지능은 불투명한 추천 알고리즘을 통해 정보 큐레이션을 통제하며 새로운 중앙 집중식 영향력을 행사하고 있다.

현대 대의제 민주주의는 이미 투표율 하락, 제도적 신뢰의 약화, 공공 영역의 분열 등 위기에 직면해 있다. 인공지능의 등장 이전에도 현대 민주주의는 제도적 한계를 드러내기도 했다. 이제 인공지능은 마이크로타기팅, 허위 정보 캠페인, 양극화 등을 통해 이러한 문제를 악화시키고 있지만, 다른 한편 제도적 한계에 직면한 현대 민주주의의 대표성과 시민 참여를 해결할 수 있는 해결책을 제시한다.

인터넷 이전 시대에 설계된 전통적인 민주주의 제도는 인공지능의 등장으로 정당성과 효율성을 유지하는 데 어려움을 겪고 있다. 이제 민주주의는 시민의 참여와, 인공지능을 비롯한 디지털 도구를 통한 권력 분배를 고려해야 한다. 이미 많은 관련 연구와 논의들은 민주주의를 전통적인 제도와 알고리즘이 활용된 공적 영역이 교

차하는 역동적 시스템으로 인식하고자 하는 시도를 하고 있다(EPTA, 2024). 즉 이제 민주주의는 인공지능을 고려하지 않고서는 설명할 수 없다.

현재 민주주의의 맥락에서 고려해야 하는 주요 인공지능 시스템으로는 데이터 분석을 위한 머신 러닝 시스템, 콘텐츠 조정을 위한 자연어 처리, 정책 수립을 위한 예측 분석 등이 있으며, 이들은 모두 현대 민주주의 정치 체제에 큰 영향을 미친다. 이들 인공지능 기술과 시스템이 민주주의에 미치는 영향을 철저히 검토하고, 개선 방안을 신속히 마련하는 것이 중요하다.

정치 과정과 인공지능의 이중적 영향

인공지능은 이론적으로 중립적일 수 있지만, 실제 그 개발과 활용 과정에서 편향성이 발생할 수 있다. 편향과 인간의 개입을 어떻게 통제하느냐에 따라 인공지능을 통해 위기에 처한 민주주의의 쇄신이 가능할 수도 있다. 연구에 따르면 인공지능은 적절하게 구현될 경우 민주적 가치를 보호하는 메커니즘으로 작용할 수 있다. IE 대학 변화 거버넌스 센터(The IE University Center for the Governance of Change)의 "민주주의 재장전(Reloading Democracy)" 보고서는 시민 참여 감소, 정치적 양극화

심화, 광범위한 허위 정보, 디지털 위협에 대한 민주주의 기관의 취약성 등 현대 민주주의가 직면한 주요 과제를 해결함으로써 인공지능이 민주주의, 투명성, 포용성을 위한 안전장치가 될 수 있다고 주장한다.

현재 전 세계의 지방정부들은 대화형 인터페이스(챗봇), 언어 번역 서비스, 복잡한 기술 문서 합성, 디자인 아이디어 공동 창작, 데이터 시각화 도구, 시뮬레이션 및 시나리오 계획 플랫폼 등 시민 참여를 위한 디지털 민주주의 도구를 다양하게 실험하고 있다.

알고리즘과 선거

방대한 선거와 유권자 관련 데이터세트로 훈련된 머신 러닝 모델은 유권자에 대한 마이크로타기팅 및 행동 예측을 통해 정밀한 유권자 프로파일링이 가능하기에 조작적 선거 캠페인의 우려를 제기한다. 그러나 다른 한편으로 시민의 문해력을 향상하는 교육을 지원할 수 있는 도구를 제공할 수 있다.

또한 머신 러닝을 통해 생성된 이미지, 비디오, 오디오, 텍스트 등을 의미하는 합성 미디어(Synthetic Media)는 기존의 데이터를 학습해 새로운 콘텐츠를 자동으로 생성하는 과정을 포함한다. 딥페이크와 같은 허위의 합성 미디어의 대규모 생성과 유포로 인해 선거의 공정성을 유지하는 것은 기술적으로도 점점 더 어려워지고 있다. 그러나 인공지능이 생성한 허위 정보와 딥페이크를 탐지하고 그 위험성을 미리 제어하도록 지원하는 것도 인공지능이다.

공적 담론의 재구성

참여에 최적화된 인공지능 기반 소셜 미디어 추천 시스템은 분열적이고 극단적인 콘텐츠를 확산하면서 양극화의 알고리즘적 증폭을 조장한다. 인공지능은 정치 정보에 대한 시민의 접근성을 높이지만, 필터 버블과 인식의 파편화는 사회적 합의 형성을 지연시킨다.

하지만 표현의 자유와 콘텐츠 품질의 균형을 맞추기 위한 시스템 개발 등을 통해 사회적 숙의의 도구로 잘 활용한다면 공적 담론을 형성하는 데 기여할 수 있다(Argyle et al. 2023). 허위 정보의 팩트 체크 기술에 대한 연구도 다양하게 시도되고 있다. 미시간 대학교의 연구원들은 출처를 스캔해 가장 신뢰할 수 있는 버전의 기사를 예측함으로써 가짜 뉴스 기사를 76% 정확하게 찾아낼 수 있는 인공지능 활용 방식에 대한 연구를 시도했다(Adi, 2018). 이러한 다양한 시도들은 아직 완벽하지는 않지만, 신뢰할 수 있는 정보 생태계를 만들기 위한 중요한 진전이 될 수 있다.

인공지능 기반 민주적 거버넌스

디지털 기술을 활용해 민주주의의 위기를 해결하고자 하는 다양한 디지털 민주주의적 시도들은 인공지능 기술을 통해 더 획기적 전기를 맞이하고 있다. 인공지능은 시민 참여를 증대시키고 정책 결정의 효율성을 향상하는 도구가 될 수 있다.

인공지능 정책 결정

입법과 정책의 영향을 사전에 평가하는 예측 정책 분석 도구와 자동화된 규제 영향평가 체크 시스템은 입법과정을 변화시키고 있다. 그러나 효율성 향상의 이면에 공적 심의와 분리된 기술주의적 의사 결정의 위험에 대한 우려가 있다. 다만 인공지능 활용 정책 시뮬레이션과 인간의 감독을 결합한 대만의 플랫폼 'vTaiwan'은 우버 규제와 같은 논쟁적인 이슈에 대해 기술을 활용해 합의를 끌어낼 수 있는 가능성을 보여 준다.

인공지능과 시민 참여

의제 설정과 합의 형성에서 알고리즘의 중립성에 대한 의문이 지속되고 있지만, 인공지능을 시민 참여를 증대할 도구로 활용할 수 있는 가능성은 여전히 존재한다. '시민실험실(CitizenLab)' 플랫폼은 참여 예산 책정, 공공 제안에 대한 피드백 수집, 시민 의견에 대한 인공지능 기반 요약 등을 제공하는 대화형 도구를 배포해 이러한 접근 방식의 가능성을 보여 주고 있다.

민주주의를 위한 인공지능

위기의 민주주의를 위해 인공지능 기술을 어떻게 활용할 수 있는가에 대해 적극적인 고민과 실천이 필요하다. 인공지능은 가공할 만한 잠재력을 가지고 있지만, 민주주의를 위해 어떻게 활용할 것인지에 대한 논의는 아직 시작되지 않았다.

민주적 인공지능을 위한 윤리적 설계

인공지능이 사회에 긍정적인 영향을 미칠 수 있는 잠재력은 기후 과학, 신약 개발 등에서 다양하게 나타나고 있다. 현재의 인공지능이 야기하는 문제는 지금 인공지능 서비스를 주도하는 대규모 언어 모델이 소셜 미디어와 검색에 최적화되어 있으며, 이는 이러한 영역에 중점을 둔 기업이 만든 유산이라고 할 수 있다.

브루스 슈나이어(Bruce Schneier)가 지적했듯이 기업이 통제하는 생성형 인공지능 개발은 챗봇 비서와 기타 인공지능 시스템이 신뢰할 수 있는 것처럼 보이게 할 수 있지만 실제로는 본질적으로 기업의 이익을 창출하도록 설계되었기 때문에 사회가 번영하는 데 필요한 신뢰를 약화할 가능성이 있다. 신뢰를 회복하기 위해서는 항공사에 대한 안전 규정과 마찬가지로 정부가 인공지능에 대한 안전 규정을 제정해야 할 의무가 있다. 나아가 그는 인공지능과 로보틱스 산업을 위한 규제기관을 설립하고, 정치적 책임에 따라 학술 및 새로운 영리 목적의 용도로 사용할 수 있는 공공 인공지능 모델의 개발을 제안했는데 이는 중요한 제안이다(Bernard, 2024).

인공지능 시스템이 다양한 분야와 집단들과 직접 협력하고, 윤리적이고 책임감 있게 작동하도록 설계해야 한다. 윤리적 설계의 구조와 원칙을 마련하는 것은 지난한 과정이 요구된다. 정치 알고리즘의 불투명성을 완화하기 위한 훈련 데이터 소스 및 결정 매개변수를 포함한 선거 관련 인공지능 시스템의 의무 공개 요건은 쉽지 않다.

따라서 정부 공공 부문에서 도입되고 활용되는 인공지능에 대해서는 적극적인 '알고리즘 영향평가'를 제도화해야 한다. 이를 통해 인공지능 알고리즘의 부정적 영향을 사전에 예방하고 윤리적 설계의 방향으로 유도할 수 있다.

인공지능 활용 민주적 제도 혁신

인공지능을 민주주의의 혁신에 활용하기 위한 다양한 시도와 노력이 필요하다. 예를 들어 인공지능을 활용한 대중 참여 플랫폼과 전통적인 대의기구를 결합한 심의 시스템의 구축은 현대 민주주의가 처한 위기에 대한 해결책이 될 수 있다.

유럽연합은 기후 정책을 개선하고 시민 참여를 증진하기 위해 인공지능 지원 시민 패널을 도입하고 있다. 이 패널은 인공지능 기술을 활용해 시민들의 의견을 수집하고 분석함으로써, 보다 효과적이고 포괄적인 기후 정책을 수립하는 데 기여한다.

인공지능에 의해 근본적으로 변화된 세계에서 수십 개국이 총선을 치를 예정인 2025년, 인공지능이 선거와 민주적 절차에 미치는 부정적인 영향과 위험을 막기 위한 노력이 필요하다. 인공지능의 위협 속에서 선거의 공정성을 보호하기 위해서는 ① 선거 중 인공지능 사용에 대한 명확한 법·제도의 마련, ② 정당의 인공지능 활용에 대한 지침과 가이드라인 마련, ③ 선거 무결성 감시를 위한 시민 참여 패널 구성 등의 조치가 시급하다.

민주주의의 회복을 위해

인공지능이 민주주의와 공존할 수 있게 하기 위해서는 민주적 감독 메커니즘의 확립, 거버넌스에 대한 다양한 이해관계자의 참여, 투명한 책임 제도의 마련이 필요하다. 민주주의 국가는 인공지능의 급속한 확산에 저항하기 어렵다. 따라서 책임감 있게 이를 통합해 제도적 회복력을 강화해야 한다. 이를 위해서는 인공지능 개발 및 배포 과정에 민주적 가치를 직접 포함해야 한다. 이를 통해 민주주의 사회는 인공지능의 잠재력을 활용하는 동시에 그 위험으로부터 보호할 수 있다.

인공지능의 도입기인 지금 인공지능 거버넌스에 대한 선택에 따라 인공지능이 민주주의 한계를 극복하고 민주주의를 회복할 도구가 될지, 아니면 민주주의 종말을 가져오는 수단이 될지 결정될 것이다. 민주주의를 위한 인공지능은 기술적으로 정교할 뿐만 아니라 민주적 원칙에 부합하고 투명하고 포용적인 거버넌스를 통해 시민에게 책임을 지는 시스템이어야 한다.

인공지능을 민주주의의 위기를 해결하고 더욱 강한 민주주의를 건설하는 데 활용하기 위해서는 인공지능 기술의 역량과 민주주의적 가치를 연결하는 지속적인 논의와 혁신적 시도가 필요하다. 이를 위해서는 정부와 의회, 시민사회, 기술 기업과 공동체 모두의 적극적인 협력이 필요하다.

참고문헌

Adi(2018.9.28). Researchers develop ai system to spot fake news. *The horizons tracker*, https://adigaskell.org/2018/09/28/researchers-develop-ai-system-to-spot-fake-news/

Argyle, Lisa P. et al.(2023.2.21). Out of one, many: Using language models to simulate human samples. Cambridge University Press. *Political analysis*, https://www.cambridge.org/core/journals/political-analysis/article/abs/out-of-one-many-using-language-models-to-simulate-human-samples/035D7C8A55B237942FB6DBAD7CAA4E49

Bernard, Tim.(2024.2.24). Generative ai, free speech, & public discourse: Why the academy must step forward. Tech policy press, https://www.techpolicy.press/generative-ai-free-speech-public-discourse-why-the-academy-must-step-forward/

Dencik, Lina & Sanchez-Monedero, Javier(2022.1.14). Data justice. *Internet policy review*, 11(1), https://policyreview.info/articles/analysis/data-justice

Lisa P. Argyle et al.(2023). Leveraging ai for democratic discourse: Chat interventions can improve online political conversations at scale. *PNAS*. 120(41).

Williams, Sarah et al.(2024). People-powered gen ai: Collaborating with generative ai for civic engagement. https://mit-genai.pubpub.org/pub/6uejzuox/release/2

김유향

북한대학원대학교 경제·IT전공 겸임교수이자 전 국회 입법조사처 국장이다. 이화여자대학교 정치외교학과와 일본 히토쓰바시대학교, 미국의 버클리대학교에서 수학했다. 과학기술정보통신부의 인공지능·소프트웨어자문위원회 자문위원을 지냈고, 서울시 개인 정보심의위원회 심의위원으로 활동하고 있다. 디지털 민주주의, 인공지능 법 제도, 개인 정보, 북한 정보통신, 입법 영향 분석 등에 대한 연구와 강의를 했다. 주요 저서로 『개인정보 판례 백선』(2022), 『4차산업혁명 시대와 외교』(2019), 『4차산업혁명과 남북관계』(2018) 등의 공저가 있으며, 그 외 가짜 뉴스와 딥페이크, 디지털 민주주의, 인터넷 정책에 대한 다수의 연구가 있다.

김보라미

법률사무소 디케 변호사다. 고려대학교 법학과 졸업 후 연세대학교 정보대학원에서 석사학위를 받았다. 언론인이 아닌데도 최초로 안종필 자유언론상을 수상하고, 언론 자유, 개인 정보, 정보 인권 분야에서 다수의 주요 법률 사건 및 자문을 수행하고 있다. 공공데이터제공분쟁조정위원회 조정위원, 개인정보분쟁조정위원회 조정위원, 국가인권위원회 정보인권전문위원회 전문위원 등을 역임하고, 서울특별시장 표창장(2021), 대통령표창(2023)을 수상한 바 있다.